ジョルダーノ・ブルーノ著作集
Le opere scelte di Giordano Bruno

2

聖灰日の晩餐
La Cena de le Ceneri

加藤 守通 訳
Traduzione giapponese di Morimichi Kato

東信堂

Centro Internazionale di Studi Telesiani Bruniani
e Campanelliani

Giordano Bruno
La Cena de le Ceneri

introduzione, traduzione e note
di Morimichi Kato
dal testo critico di
Giovanni Aquilecchia
edizione Les Belles Lettres

TOKYO - Toshindo - 2022

目次／聖灰日の晩餐――ジョルダーノ・ブルーノ著作集②

訳者注

この翻訳において〈　〉は原文がラテン語の箇所を、〔　〕は訳者の補足を示す。

Le opera scelte di Giordano Bruno
Vol.: 2 La Cena de le Ceneri
Traduzione giapponese di Morimichi Kato
Casa Editrice Toshindo

ジョルダーノ・ブルーノ著作集❷

聖灰日の晩餐

加藤守通＝訳
東信堂＝刊

聖灰日の晩餐

五つの対話において
四人の対話者によって
二つのテーマをめぐって
三つの考察がなされる

ムーサたちの唯一の避難所にして
モーヴィシエール、コンクレソール、ならびにジョンヴィーユの領主
キリスト教国王の叙任騎士にして
その枢機補佐役
五十名隊長を務め
女王陛下(1)への派遣大使たる
令名いと高きミシェル・ドゥ・カステルノー卿(2)に捧ぐ

不満たらたらの人物に

犬儒学派[3]の歯に噛まれたとしたら
それはお前自身のせいだ、野蛮な犬よ。
わたしを怒らそうとして
おまえの棒と刀を見せても無駄なことだ。

おまえが不当にもわたしに立ち向かうならば
おまえの毛皮を引っ張って、こう言おう。
「このことでわたしが滅びるとしても
おまえの恥辱は永遠に残るだろう。」

蜂から蜂蜜を奪うのに裸体で行ってはならない。

石かパンかがわからずに、噛んではならない。
刺を植えようとして、裸足で歩き回ってはならない。

蠅よ、蜘蛛の巣を馬鹿にしてはならない。
おまえがネズミならばカエルの後を追ってはならない。
鶏の血よ、狼から逃げるのだ。

そして福音(4)が熱心に説く
次の言葉を信じなさい。
「われわれの畑に過ちを植える者は
罰を受けるだろう。」

序としての書簡

キリスト教国王の叙任騎士にして
その枢機補佐役
五十名隊長
サン＝ディディエの総督を務め
女王陛下への派遣大使たる
令名いと高き卓越した
ミシェル・ドゥ・カステルノー卿に捧げる

閣下、ここに提供される宴会は、雷鳴轟かすゼウスの威厳に満ちた神酒を伴うものではありません。われわれの始祖〔アダム〕が食べた〔リンゴのように〕人類の悲惨の原因になったものでもありません。アハシュエロスの神秘的なものでもありません[5]。〔ローマの美食家〕ルクルスの豪奢なものでもありません。リカオンの冒涜的なものでもありません[6]。ティエステスの悲劇的なものでもありません[7]。タンタロスの〔水が飲めない〕罰のようなものでもありません。プラトンの哲学的なものでもありません。〔犬儒学派の〕ディオゲネスの惨めなものでもありません。ヒルの取るに足りないものでもありません。フランチェスコ・ベルニの本に登場するポリアーノの大司教の恥ずべきものでもありません。『カンデライオ』の登場人物ボニファッチョの喜劇的なものでもありません。そうではなくて、この饗宴は、偉大であるとともに卑小、教師風であるとともに学生風、冒涜的であるとともに宗教的、陽気であるとともに苛立ち、苦々しいとともに楽しげで、フィレンツェ風の質素さとボローニャ風のこってりさを併せ持ち、犬儒学派的であるとともに酒池肉林的であり、くだらないとともに深刻で、道化のようであるとともに生真面目で、悲劇的であるとともに喜劇的であります。このことから確信をもって言えるのは、英雄的になったり卑屈になったり、教師になったり学生になったり、信者になったり不信者になったり、陽気になったり悲しくなったり、憂鬱になったり快活になったり、軽快になったり重々しくなったり、犬のようになったり自由人のようになったり、猿のようになったり執政官のようになったり、アリストテレスのようなソフィストになったりピュタゴラスのような哲学者になったり、デモクリトスのように笑ったりヘラクレイトスのように泣いたりする機会があなたにたっぷりと与えられると言うことです。要するに、ペリパトス派と匂いを嗅ぎ、ピュタゴラス派と食事をし、ストア派と飲んだ後で、あなたは、ある男とともに舌鼓を撃つことができるのですが、この男ときたら、歯を剥き出しにして、両耳まで口が裂けるような高貴な笑い方をするのです[8]。実際、骨を噛み砕き、骨髄に穴を開けたときにあなたが得るものは、イエズス会の総大司教である聖コロンビーノをも放埓にし、市場の喧騒を静め、猿の顎を外し、墓地の静寂を破ることでしょう。「それはいかなる饗宴、いかなる宴会ですか」と、あなたは問うことでしょう。晩餐です。「いかなる晩餐ですか。」聖灰日のものです。「聖灰日の晩餐とはどういうことですか。もしかしてこの料理が君の目の前に置かれたのですか。もしかして〈わたしは灰をパンのように食べた〉という意味ですか。」いいえ、われわれの神父たちが〈灰の日〉と呼び、時には〈不忘の日〉と呼ばれる、四旬節の最初の日の日没後になされた宴会のことです。「この宴会のテーマは何ですか。」会合の場を提供してくださった、高貴な生まれのファルク・グレヴィル卿(9)の御心と活動に想いを馳せるためではありません。観客と聴衆としてその場に居合わせたたいそう洗練された方たちの栄誉ある立ち居振る舞いについてではありません。そうではなくて、自然が生み出すことができた二人の幻術師、二つの夢想、二つの影、二つの四日熱を見るためです。そして、このことの歴史的な意味を吟味し、それを味わい、咀嚼する間に、閣下は、場所や地理や理論や道徳について、そしてさらには思弁や形而上学や数学や自然についても学ぶことになるのです。

第一対話の議論

第一対話では、二人の人物が、彼らの名の（いささかこじつけがましい）由来とともに、登場します。第二に、一連の「二」という数が彼らのために讃えられます。第三に、再発見され再現された哲学の称賛すべき状態が述べられます。第四に、コペルニクスがいかほどの称賛に値するかが示されます。第五に、ノラの人（ナポリ近郊ノラ出身のブルーノのこと）の哲学の成果が列挙され、他の哲学の流派との違いが示されます。

第二対話の議論

第二対話の内容は以下のとおりです。第一に、晩餐の元々の原因。第二に、そこに至る道のりの記述。これは、史実的であるよりも、詩的で比喩的であるとすべての人々に判断されるようなものです。第三に、著者は、道徳的な場所の記述に無茶苦茶なしかたで没頭することになります。そして、歩みを進めながら、ひとつひとつのものを（過度に注視することなく）リンケウスの慧眼で見つめます。そして、大きな装置だけでなく、小石のような取るに足りないものまで取り上げるのです。そしてこのことは、ちょうど画家がすることに似ています。画家は、史実を描写するだけでは満足していません。彼は、キャンパスを満たし技芸によって自然に適合するために、岩や山や木や泉や川や丘を描きます。そしてここに王宮を、あそこに森を、あちらに一片の空を、あの角《かど》に日の出を、そして所々に鳥や豚や猪やロバや馬を描きます。そしてこの動物は頭だけを、あの動物は角《つの》だけを、別の動物は胴体の一部だけを、この動物は耳だけを、あの動物は全体を、そしてこの動物は他の動物たちが持たない仕草と表情で描くのです。このようにして画家は、それを鑑賞する人がより多くの満足を得るようにと、言ってみればいろいろな表情を与えるのです。私がここで言おうとしていることも、このようにお読みください。最後に、この祝福された対話は、人々が部屋に到着し、丁重に受け入れられ、仰々しく食卓に着くことで終わります。

第三対話の議論

第三対話は、ヌンディニオ博士の提案の数に応じて、五つの部分に分かれています。第一の部分は、二つの言語の必然性についてです。第二の部分は、コペルニクスの意図を説明します。天の現象に関する重要な疑問が解決されます。光体の大きさを決定するのに、遠近法と光学が役に立たないことが示されます。そして、この問題に関する新しい、確固たる、確実な理論が提示されます。第三の部分では、世界の物質がどれほど堅固なものであるかが示されます。そして、宇宙は無限であり、あたかもそれが特殊な物体であるかのように考えて、その中心と周辺を求めるのは虚しいことであると宣言されます。第四の部分では、以下のことが主張されます。すなわち、われわれが地球と呼ぶこの世界は、他の星々の物体である諸世界と質料において一致しており、それ以外のことを信じるのは子供じみています。そして、他の星々は知性を持つ動物であり、そこでは、この世界におけるのと同じほど無数の(単純なあるいは複合的な)個体が生息したり知的活動を行ったりしているのです。第五の部分では、ヌンディニオが最後に持ち出した議論をもとに、二つの大きな思い込みの不毛が示されます。これらやそれらに類する思い込みのせいで、アリストテレスやその他の人たちは、地球の運動が真で必然的であることを理解することができないほど盲目になったのです。そして、地球の運動が可能であることを信じることを妨げられたのです。しかし、地球の運動を理解し信じさえすれば、現在に至るまで隠されていた、自然の多くの秘密が見出されることになるのです。

第四対話の議論

第四対話の冒頭では、すべての神学的な論難と不都合に対する回答が与えられます。そして、われわれの哲学が真の神学に一致し、真の宗教によって庇護されるに値することが示されます。それ以外の部分では、ある人物が登場しますが、彼は適切な議論も質問もできません。しかし、このことが、厚顔と相まって、彼がヌンディニオ博士よりも博識であるという印象を無知な人々に与えることになったのです。しかし、世界中の圧縮機を集めても、彼の言葉から、(スミスには質問の、テオフィロには回答の材料を与えるような)一滴の果汁も絞り出すことはできないことがすぐに判明します。彼の言葉は、プルデンツィオの饒舌とフルッラのおちょくりの餌食になるだけなのです。この部分があることを、わたしは遺憾に思っています。

第五対話の議論

第五対話が追加された理由は、(誓って言いますが)われわれの晩餐を不毛な形で終えないためです。そこでは第一に、エーテル状の領域における物体がどのような状態にあるのかについて論じられます。そして、「第八の天圏」や「恒星天」と呼ばれているものにおいては、光って見える物体が中心から同距離にあるというわけではないことが示されます。そうではなくて、太陽と地球のように、長さにおいても幅においても離れている二つの物体が近くにあるように見えるにすぎないのです。第二に、惑星の数は、われわれが七つだけしか見ることができないという理由で、七に限られているわけではありません。そうではなくて、同じ理由から他にも無数の惑星が存在します。それらは、古代の真の哲学者たちによって「走者」という意味で「アエテラ」と呼ばれました。その理由は、それらは実際に動く物体であり、想像上の天圏ではないからです。第三に、この種の運動は、自らに固有の自然ないし魂としての、内的原理から必然的に生じます。そして、この真理とともに、多くの夢想が破壊されるのですが、これらの夢想は、水やその他の液体に対する月の能動的な働きを考えたり、その他の自然物の運動原理を外部の始動因から理解しようとしたりするのです。第四に、物体の重さと軽さに関する愚か極まりない考えから生じる疑念に終止符が打たれます。そして、すべての自然の運動は、円をなし、自らの中心を回るか、何か別の中心を回るかのどちらかであるということが証明されます。第五に、この地球とその他の単純な物体がひとつではなく複数の異なったしかたで動くことの必然性が明らかにされます。そして、これらの運動の種類が四つの単純な運動に還元され、それらが組み合わされるということが示されます。また、地球の運動がいかなるものかが語られます。最後に、この哲学の完成のために欠けている部分が他の対話によって補われることが約束され、プルデンツィオの誓願とともに対話は終了します。

これほどの大業が簡潔かつ十分に成し遂げられることに、あなた方は驚かれることでしょう。そこにあなたは多くの考えが一緒になっているのを見出すでしょう。しかし、もしもあなたが重みを欠いた考えを時として見出し、〔厳格さで有名なローマの政治家〕カトーの厳格な検閲を恐れるとしたら、心配は無用です。というのも、これらのシレーノスの下に隠されていることを発見することができないとしたら、これらのカトーたちは盲目で頭がおかしいのですから。そして、そこには学問が存在するのではなく、対話や喜劇や悲劇や詩や弁論や賛辞や非難が散りばめられていると思うかもしれません。さらには、自然学や数学や道徳や論理学がいろいろなところで証明され、教示されていると思うかもしれません。結果として、そこにあるのはぼろをまとった学問の一種でしかないと思うかもしれません。この対話が史実に基づいているということを、どうか考えてください。そこでは、諸々の機会、動作、歩み、遭遇、所作、感情、対話、主張、回答、的を射た発言と的外れな発言が語られていますが、それはすべて四人の人物の厳密な判断のもとに置かれ、何らかの理由を持っているのです。そこには無駄な言葉はないと考えてください。というのも、すべての部分において、たいそう重要なことを収穫し、掘り出すことができるからです。そして、一見するとそうとは思われない場所で、多くの収穫があるかもしれないのです。表層的な部分に関しては、この対話の、あるいは風刺と喜劇の、機会を与えた人たちは、華美な服装によって人を判断し、貴金属によって魂を測る際にはもっと用心深くならなければなりません。観客や読者になる人は、他人の不幸から学ばなければなりません。傷を負った人たちは、目を開いて、自分の貧弱で情けない裸体を見つめなければなりません。そうすれば、彼らは、愛ゆえにでないにせよ、少なくとも羞恥心から、自らを改めることでしょう。あるいは、告白を嫌うならば、自らを隠すことでしょう。

もしもわれわれのテオフィロとフルッラがあまりにも厳格で、何人かの当事者に対して厳しすぎる対応をしていると思われるなら、これらの獣たちの面の皮の厚さを考慮なさってください。たとえ打撃が百倍に増えても、彼らは何も感じないか、あるいは少女に軽く触られたぐらいにしか感じないのです。またこれらの博士たちが差し出した愚昧極まりない土地の上に、われわれが重大で威厳に満ちた提案を打ち立てたからといって、わたしが非難に値するとは思わないでください。というのも、ご存知のように、ある事柄を〔議論の〕土台とするか、機会とするかには、大きな違いがあるからです。土台は、当然、建物の大きさ、状態、風格と釣り合いが取れていなければなりません。しかし、機会は、すべての種類とすべての結果に関わることができます。というのも、卑小なものも偉大なものの種子になるからです。愚かさや狂気はしばしば、偉大な思慮や判断や発明の刺激材となります。誤謬と犯罪が正義と善の偉大な規則を生み出す機会を提供したことは数多くあるのです。

もしも肖像画を描く時に色がモデルに合致せず、線が適切ではないようにあなた方に見えるとしたならば、この欠陥には以下の理由があるということを知ってください。すなわち、巨匠たちがするようにじゅうぶんな距離をとって肖像を見ることが、この画家にはできなかったのです。というのも、画とキャンパスが顔と目に近すぎるだけでなく、少しも後ろに下がることも、脇にそれることも、できなかったのです。そんなことをしたら、トロイの有名な守護者の息子が行った跳躍を行うはめになりかねなかったのですから(10)。ですから、この肖像画を、それが持つ二つの、百の、千の、すべての細部とともに受け入れてください。たしかにそれは、あなた方がすでに知っていることをあなた方に教えもせず、あなた方の判断力と才知の急流に水を加えたりしないのです。とはいえ、通常われわれは、モデルに関する完全な知識がある時でも、それに関する肖像や表象を軽蔑しない習わしなのです。加えて、閣下の寛大な御心が、提出される贈り物よりも送り主の感謝の念により多くの注意を向けられることを、わたしは確信しております。この書が捧げられる閣下は、われわれのノラの人の近くにおられ、庇護と好意を絶やすことがありません。それゆえに、閣下はこの土地においてわれわれの敬意にもっとも値するのです。この土地では、良心も信仰も持たない商人がたやすくクロイソスのような億万長者になり、金を持たない有徳者はディオゲネスのような貧乏学者になるのですから。閣下は、たいそう気前よく、ノラの人を貴賓として邸宅に受け入れられました。もしもこの土地が千人の奇形の巨人たちを生み出す代わりに、同数のアレクサンドロス大王を生み出したならば、その中の五百人はこのディオゲネス〔ノラの人、つまりブルーノ〕のもとに表敬訪問をすることでしょう。しかし、星々の計らいによって、〔アレクサンドロス大王がディオゲネスにしたように、〕ノラの人から太陽の光を遮りに来るのは、閣下だけなのです。そして太陽は、〔ノラの人をあの惨めな犬儒学者〔ディオゲネス〕よりも貧しくしないようにと〕その直射光と反射光の一部によって彼の寓居を照らすのです。この著作は閣下に捧げられていますが、閣下は、このイギリスにおいて、高貴で偉大な国王(11)の権威――その名声はヨーロッパの偉大なる中心〔フランス〕から地球の隅々にまで鳴り響いています――を代表なされています。この王の怒りの声は、高い洞窟からのライオンの咆哮のように、森のその他の猛獣たちに死の恐怖を与えます。しかし、彼が静謐を保つときには、寛容で親切な愛情の熱を放ち、隣の回帰線を燃やし、凍った北斗七星を温め、誇り高い牛飼座の永遠の庇護のもとに回転する北極の荒野の極寒を緩めるのです。

お元気で。

対話者(12)

スミス　ブルーノ(ノラの人)の友人

テオフィロ　ブルーノの哲学の代弁者

プルデンツィオ　衒学者

フルッラ　凡人

第一対話

スミス　彼らのラテン語は上手でしたか。
テオフィロ　はい。
スミス　紳士でしたか。
テオフィロ　はい。
スミス　名声の持ち主でしたか。
テオフィロ　はい。
スミス　学識がありましたか。
テオフィロ　ええ、たいそうなものでした。
スミス　行儀正しく、礼儀作法にかなない、洗練されていましたか。

テオフィロ　ええ、たいそうありきたりなかたちでですが。
スミス　博士でしたか。
テオフィロ　まったくもってその通りです。オックスフォード出身だと思われます。
スミス　資格を持っていたのですか。
テオフィロ　それはもう、選び抜かれた人たちで、長い服を着て、ビロードを身に付けていました。そのうちの一人は、輝く金の鎖を首にかけていました。もう一人は、（なんということでしょう）二本の指に十二の指輪をはめている貴重な手の持ち主で、まるで裕福な宝石商のようでした。彼がその手をうっとりと眺めているのを見るのは、ほんとうに胸が打たれる光景でした。
スミス　彼らはギリシャ語を知っているように見えましたか。
テオフィロ　〈それのみならず〉、ビールにも通暁していました。
プルデンツィオ　その〈それのみならず〉という言い方をやめなさい。それは時代遅れの古風な言い回しなのだ。
フルッラ　先生、静かにしてください。あなたと話しているわけではないのですから。
スミス　彼らはどんな様子でしたか。
テオフィロ　一人は巨人や鬼の大元帥といったふうで、もう一人は名声の女神の伝令官といったふうでした。
スミス　彼らは二人だったのですね。
テオフィロ　はい。なにしろ二は神秘的な数ですからね。

プルデンツィオ　〈あたかも立会人が二人いるが如くなり。〉

フルッラ　〈立会人〉ってなんのことです。

プルデンツィオ　ノラの人の能力の証人、吟味者のことだ。〈されど、神かけて〉、テオフィロよ、二という数が神秘的だとはどういう意味だね。

テオフィロ　ピュタゴラスが言っているように、有限と無限、曲線と直線、右と左といった第一の同位関係は二つだからです。偶数と奇数（そのうちの一つは男性で、もう一つは女性ですが）という数の種類も二つです。愛神も二人おり、一人は上位の神的なものであり、もう一人は下位の通俗的なものです(13)。人生の行為も二つ、認識と情念です。これらの対象も二つ、真と善です。運動の種類も二つ、物体が自己を維持しようとする直線運動とそれによって実際に自己を維持する曲線運動です。諸事物の本質的な原理も二つ、質料と形相です。実体の種的な差異も二つ、希薄と濃密、単純と混合です。対立する能動的な第一原理も二つ、熱と冷です。自然物の第一の生みの親も二つ、太陽と大地です。

フルッラ　いまおっしゃられたこれらの原理にしたがって、別の二項対立を並べてみせましょう。獣たちは箱舟の中に二頭ずつ入り、そこから二頭ずつ出てきました。天のしるしの合唱主席歌手は二つ、〈雄羊〉と〈雄牛〉です。〈なりたくない〉種類は二つ、馬とラバです。人間の似像にして似姿は二つ、大地においては猿、天においてはメンフクロウです。この国〔イギリス〕で崇拝されているフィレンツェの偽の遺物は二つ、サッセットの歯とピエトゥルッチオのひげです。イスラエルの民よりも頭がいいと預言者が言った動物は二つ、自分の所有者を知っているという理由で馬と、主人の飼い葉桶を見つけることができるという理由でロバです(14)。われわれの救世主の神秘的な乗馬の対象は二つであり、それらはヘブライの昔ながらの信者と新しい異教徒の信者を意味していました。すなわち、雌《アシナ》ロバと子《プリオ》ロバです。そこから生じたアウグストゥスの秘書の名前は二つ、アシニウスとポリオンです。ロバの種類は二つ、家畜と野生です。ロバのもっとも一般的な色は二つ、灰色と黒です。これら二人の〔オックスフォードの〕、およびそれに類した、博士たちの名が永遠に奉献されたピラミッド型のものは二つあります。シレーノスの馬〔ロバ〕の右耳と庭園の神〔プリアポス〕の敵〔ロバ〕の左耳です(15)。

プルデンツィオ　〈最良の才能、まったく軽蔑すべからざる列挙〉。

フルッラ　わたしの大事なプルデンツィオさん、わたしの話に賛同してくださり光栄です。あなたは賢慮そのもの以上に賢慮があるのですね。賢慮が〈男になって歩いているようなもの〉ですから。

プルデンツィオ　〈典雅と優美を欠かない言葉だ〉。さて、〈賛辞はここまでにしよう。座そうではないか。座して休むことによって知るとペリパトス派の君主が言うのだから〉。このようにして、ノラの人がトルクアート博士とヌンディニオ博士とした会話の結末について、われわれの四談を日没まで行うことにしようではないか。

フルッラ　その「珍説」って何のことです。

プルデンツィオ　わたしは「四談」と言ったのだ。〈すなわち、四人の会話だ〉。それはちょうど「対話」が〈二人の会話〉、鼎談が〈三人の会話〉というのと同じだ。「五談」や「七談」やその他についても同様だ。一部の人々は、〈人々《ソールム》の話《ロギ》〉という意味で、それらを「対話《ディアロギ》」と呼んでいるが、これは言葉の乱用である。この名称を発明したギリシャ人たちが、この「ディ」という最初の音節を〈「異なった《ディウェルスム》」というあのラテン語の冒頭の意味で〉用いたというのは、信憑性を欠くのだ。

スミス　先生、お願いですから、これらの文法の厳格な検討はやめて、本題に戻ることにしましょう。

プルデンツィオ　〈おー、何たる時代だ〉。君は、文法を軽視しているようだね。この「四談」という言葉の意味を知らずに、どうして上手に四談することができるのだ。そして、〈もっと悪いことに〉対話が何であるかもわからなくなるだろう。われわれのキケロが言うように(16)、〈定義と名詞の説明から出発するべきでないだろうか〉。

テオフィロ　プルデンツィオさん、あなたは賢明過ぎるのです。お願いですから、文法についてのこれらの話はやめることにしましょう。そして、われわれのこの話し合いは対話であることにご留意ください。というのも、たとえわれわれは四人であっても、役割においては、問う側と答える側、話し手と聞き手の二人になるのですから。さて、仕事を最初から始めるにあたって、ムーサ〔詩神〕たちよ、わたしに霊感を与えに来てください。といっても、ヘリコンで膨張した高慢な詩を語るあなたたち〔ギリシャのムーサたち〕を呼んでいるのではありません。というのも、あなたたちがいらしても、たいそう長くつらい旅をし、危険な海を渡り、とても野蛮な習俗を味わった後に、靴もなく裸ですぐに祖国に帰らなければならないとしたら、きっとあなたたちはわたしに苦情を言うことになるでしょうから。ここには、ロンバルディア人のための魚はないのです(17)。さらに、あなたたちは異邦人であるのみならず、詩人が「悪意を持たないギリシャ人など、かつて存在したことがない」

と言ったあの人種に属しているのです[18]。加えて、わたしは自分が知らないものを愛することができません。わたしの魂を鎖でつなぐのは、別のムーサたちなのです。だから、わたしが呼びかけるのは、別のムーサであるあなたたち〔イギリスのムーサたち〕になのです。あなたたちは、優美で、上品で、パスタのように柔らかく、ふんわりとして、若々しく、美しく、デリケートです。そして、金髪と色白の顔と赤い頬と美味しい唇と、神々しい目とエナメルの胸とダイヤの心臓を持っています。あなたたち、イギリスのムーサたちよ、どうかわたしに霊感を与え、息を吹き込み、熱を加え、火をつけ、わたしを蒸留し、酒へと分解し、液体を抽出してください。そして、微小で狭隘で簡潔な警句ではなく、(わたしの霊感の流れを狭い筆からではなく広大な運河から送り出すことができる)大河のように大きく力強い散文の豊饒な流れを、わたしに与えてください。そして、ムネモシュネ〔記憶の女神〕よ、あなたは三十の印のもとに隠れ、イデアの影の暗い牢獄に閉じ込められていますが[19]、少しでいいからわたしの耳にあなたの音楽を奏でてください。

昨日、国王の侍従である方[20]からノラの人のもとに二人の紳士[21]が訪れました。そして、コペルニクスに関するノラの人の見解と彼の新しい哲学の他のパラドクスを理解するために、その方がノラの人と話すのを熱望していると伝えました。それに対するノラの人の答えは、次のようなものです。――すなわち、彼はコペルニクスの目やプトレマイオスの目でものを見るのではなく、判断をし結論を下す際には自分自身の目でものを見るが、観察に関してはこれら二人を含む勤勉な数学者たちに多くを負っています。これらの数学者たちは、時代を経ながら明りを増すことで、長期にわたる苦労なしには不可能な判断をわれわれが下すために必要な諸原理をわれわれに与えてくれました。このことに加えて、これらの数学者たちは、一つの言語から別の言語へと言葉を訳す通訳のようなものですが、思想を深めるのは別の人たちであり、彼ら自身ではありません。あるいは、これらの数学者たちは戦いの結果と形態を不在の将軍に報告する田舎者たちのようでもあります。彼らは自分たちを勝利に導いた任務や理論や技術を理解しませんが、将軍は兵法の経験を積み優れた判断を下すことができるからです。それゆえに、視力はあっても理解力を欠いていたテーベの女マントに向かって、盲目ではあるが神的な占い師であったティレシアスは言いました。

〈視力を欠いた者には真実の多くは隠されている。
だが祖国が呼ぶところへ、ポエブス神が呼ぶところへ、わたしは赴こう。
おまえは光を欠いた父を導いて
運命の教える生贄の示す紛れもないしるしを告げ知らせなさい(22)。〉

同様に、もしもわれわれの上にある、あるいはわれわれの周りにある物体の現象の多くの異なった確証が明らかにされ、理性の眼前に置かれることがなかったならば、われわれはいかなる判断を下すことができるでしょうか。きっと、何も判断できないでしょう。もっとも、第一の無限の万能の明かりから発する贈り物を配られた神々に感謝を捧げ、これらの寛大な精神の持ち主たちの研究を賞賛した後に、われわれが公然と認めるのは、彼らが観察し、見たものに対して目を開くということであって、彼らが考え、理解し、決定したことに対して賛同を示すということではないのです。

スミス　お願いですから、コペルニクスに関するあなたの見解を教えてください。

テオフィロ　彼は、荘重な、洗練された、入念な、成熟した精神の持ち主でした。彼は、彼以前のいかなる天文学者にも、時間の後という点以外には、遅れを取っていませんでした。彼は、生得の判断に関しては、プトレマイオスやヒッパルコスやエウドクソスや彼らのすべての後継者たちにはるかにまさっていました。そのわけは、盲目と言われてもしかたがない、一般的な通俗哲学の誤った前提から彼が解放されていたからです。とはいえ、彼がそこからたいそう遠ざかったというわけではありません。というのも、彼は、自然よりも数学に熱心であったために、不適当で空虚な諸原理の根を取り去るまで深奥を極めることができなかったからです。もしも彼がそこまで深く考察したならば、彼はすべての矛盾した困難を解消し、彼と他の人々を多くの空しい調査から解放し、観想を恒常的で確かなものにとどめることができたでしょうに。そうはいっても、このドイツ人の偉大さは賞賛し尽くせるものではありません。彼は、愚かな大衆にほとんど顧慮することなく、敵対的な信念の潮流に対してたじろぐことがありませんでした。そして、生きた理論によってほとんど武装されていなかったために、彼は、伝統の手から受け取ることができた惨めなさびだらけの断片を取り上げました。そして、自然学的というよりもむしろ数学的な議論によって、それらを磨き、かき集め、強化することで、滑稽で惨めで卑しいと思われていた論を、その反対の論よりもより信憑性が高い、名誉と評価の対象にしたのです。実際、彼の論がより計算に適した実用的なものであるということは明々白々なことなのです。このようにして、このドイツ人は、誤謬に打ち勝ち、それを打破し、消滅させるにはじゅうぶんな手段をもたず、誤謬に抵抗するのがやっとであったにもかかわらず、腹を据えて、公然と以下の宣言をしたのです。すなわち、数えきれないほど多くの物体の総体（それらの多くは周知の通り地球よりも偉大で大きいのですが）が地球をそれらの回転と流入の中心かつ基盤としているとするよりも、（実際、自然と理性は明らかにその反対を示しているのですが）、この地球が宇宙に対して動いていると必然的に結論しなければならない、と彼は宣言したのです。いったい誰が、この人の研究に対して野卑で無礼な態度を示すことができるでしょうか。この人は、盲目の、悪意に満ちた、傲慢な、嫉妬深い無知の洞窟の中に幾世紀もの間隠されていた、古代の真の哲学の太陽の日の出に先立つ曙になるよう神々によって定められていたのです。いったい誰が、この人ができなかったことを指摘して、獣的で卑しい思い込みに耳を貸して駆け回り、導かれ、奈落へ落ちていく烏合の衆の中に、この人を数えることができるでしょうか。この人は、幸福な才能によって、神的な英知の目の忠実な従者へと導かれ、高められた人たちの中に数えられてしかるべきなのです。

それでは、わたしはノラの人については何と言ったらいいのでしょうか。彼はわたしにとって、自分自身以上に近い存在ですので、彼を賞賛することは適切ではないのでしょうか。理性的な人はきっとこの点でわたしを批判することはないでしょう。というのも、このような賞賛は、時として適当であるだけでなく、必要でもあるからです。あの清らかで洗練されたタンシッロの言葉は的を射ています。

賞賛と栄誉を渇望する人が
自分について話すのは適当でない。
心が恐れかつ愛するときに語る舌は、
信頼に値しないからだ。
とはいえ、他人に自分の評判を伝えることが
時には適当なこともある。
それは、中傷を避けるためか、他人に役立つためか、
どちらかの理由で話すときだ。

もしも自分自身のあるいは自分に近い人の称賛をいかなる理由でも容認しないほど厳格な人がいるならば、その人は、称賛というものはしばしば現実のあるいは報告された結果から分けることができない、ということを知るべきです。アペレスが作品を示す際に、誰のものかと問われて、自分が作ったと言ったからといって、彼を非難する人がいるでしょうか。フィディアスが、豪華な彫刻の作者を聞かれて、彼であると答えたからといって、誰が彼を中傷するでしょうか。したがって、目下の仕事の内容と重要性をあなた方が理解なさるために、あなた方に「結論」を演説するとしましょう。それが正しいことは、すぐに、たやすく、明らかにわかることでしょう。

それは次のようなものです。――もしも古代のティピュスが最初に船を発明し、アルゴ船の乗員たちと海を渡ったために称賛されるならば、

〈頼み難き大海を、人として初めて
木の葉のごとき小舟でかき乱した者は、
故郷に背を向け敢然と、
浮薄な風に命を託した者(23)。〉

もしもわれわれの時代には、コロンブスが大昔に予言された者であるとして讃えられるならば、

〈来るべき未来には、
オケアヌスの束縛さえも緩んで、人は
巨大な大地に到達することができるだろう。
テテュスは新世界の帳を開き放ち、
トゥーレも地の果てではなくなるだろう(24)。〉

天へと昇り、星々の周辺を駆け巡り、天空の凸状の表面を後にする方法を発見したこの人をどのように遇したらよいでしょうか。ティピュス〔コロンブス〕たちが発見したのは、他人の平和を乱し、地域に固有の神霊に危害を加え、先見の明ある自然が分けたものをごた混ぜにし、商業を通じて欠陥を倍増し世代から世代へと悪徳を増していく方法だったのです。その際、彼らは、暴力を用いて、新たな狂信と前代未聞の狂乱をそれらがなかった場所に伝播し植え付け、強者こそが賢者であるという結論を出したのです。彼らはまた、専制政治と暗殺のための新たな学問や道具や技術を提示したのです。被害にあった人々は、めぐりめぐって、これらたいそう有害な発見と同じほど、あるいはそれ以上にたちの悪い成果を、われわれの振る舞いへのお返しとして、いつの日かわれわれに返すことになるでしょう。

〈ご先祖さまたちの生きた時代は、
罪に染まらぬ清らかなもの。
人はみな満ち足りて故郷に留まり、
父祖代々の畑を耕し、老いていった。
乏しいもので豊かに思い、富といえば、
ただ生まれ在所の産み出す富しか知らずに。
定めが巧みに分けていた水陸二つの世界を、

テッサリアの松の木が一つに繋いでしまった。
海原には鞭打ちの刑を、
人には遠洋航海の恐怖を
新しい罰として与えたのだ(25)。〉

それと正反対の結果を引き出すために、ノラの人は、混濁した空気の狭隘な牢獄に閉じ込められた人間の精神と認識を解放しました。人間の精神は、牢獄に閉じ込められていたときには、そこからある種の穴を通じて遠く離れた星々を見るのがやっとであり、翼は壊れていたのです。そのために、精神は、これらの雲の覆いを開き、本当に上の世界にあるものを見つけるために、飛翔することができなかったのです。精神はまた、あたかも天から降りてきたメルクリウスやアポロンのような振りをして、多くの姿をした詐術によって、多くの徳や神性や規律の装いをした無数の狂乱や獣性や悪徳で世界中を満たしたあの怪獣キマイラたちから自らを解放することができませんでした。これらのキマイラたちは、ソフィストやロバたちの漆黒の闇を称賛し確固たるものにすることで、われわれの父祖たちの精神を神的なものにしたあの明りを消したのです。それゆえに、すでに長きにわたって押さえつけられてきた人間の理性は、それが間隔をおいて時には照明されるときに、自らのたいそう貶められた状態を嘆くのです。そして、内なる耳にひそひそと話しかける神的で先見の明ある精神に向かって、以下のような調子で語るのです。

わが恋人よ、いったい誰がわたしの失くした正気を
ふたたび取り戻すため、天へと昇ってくれるだろうか(26)。

ご覧なさい、ノラの人は、大気を超え、天を突き進み、星辰を踏破し、世界の末を突破し、第一、第八、第九やその他の、空虚な数学者の話や通俗的な哲学者の盲目的な見解によれば、これらに加えることのできる天圏の空想的な壁を消滅させたのです。このようにして、彼は、あらゆる感覚と理性を前にして、われわれが開くことができる真理の聖堂を入念な探求の鍵で開き、覆い隠されていた自然をあらわにしたのです。彼は、モグラに目を与え、あらゆる側面から多くの鏡によって遮断されている真理の像を見据えることができない目の見えない人たちに光を与えたのです。彼は、錯綜した考えを解きほぐす能力も勇気も持たない口の不自由な人たちの舌を自由にし、解体する定めの卑しい複合体〔身体〕には不可能な進歩を精神でもなすことができない足の萎えた人たちに力を与えたのです。彼は、太陽や月やその他の名指された諸星をあたかも人々がそこに住んでいるかのように親しみのあるものにしました。彼は、われわれが遠くに見る物体が、われわれのそばにありわれわれと結合している物体と比べて、どれだけの類似性を持ち、どれほどの規模のものであるかを示しました。そして、彼は〔質料という名の〕この神、このわれわれの母を見るためにわれわれの目を開きました。この神は、いずれわれわれがそこへと帰ることになる自らの母胎からわれわれを生み出した後、われわれを自らの背の上で養育してくれる

のです。そして彼は、質料が魂と生を欠いた物質であり、物質的な実体の中のかすであると考えないようにわれわれを促したのです。こういったわけで、もしもわれわれが月や他の星々にいたとしても、その場所はこの〔地球という〕場所とたいして違わないし、おそらくもっと悪いわけではないということを、われわれは知っています。実際、それ自体においても、またそこに生息する生物の幸福度においても、地球よりも優れた他の天体が存在し得るのです。それゆえに、第一の、普遍的な、無限の、永遠の始動因に奉仕し、それを眺める、幾百万もの星々や天体や神々について、われわれは知っています。われわれの理性は、八つか九つか十の空想的な動者の足かせによってもはや幽閉されていません。エーテル状の無窮の領域であるひとつの天しか存在せず、その中でこれらの明かりは、永遠の生の分け前にあずかるのに都合がいいようにと、互いに距離を保っているということを、われわれは知っています。これらの燃える物体は、神の卓越した栄光と威厳を告げる使者なのです。このようにして、われわれは、無限の原因の無限の結果を、無限の力の真なる生きた痕跡を、発見するように促されているのです。「神性をわれわれから離れたところに求めてはいけない」、これがわれわれの教えです。というのも、神性は、われわれのもとにあるどころか、われわれ自身にもましてわれわれの中に存在するからです。同様に、他の世界の住民も、神性をわれわれのもとで求めるべきではありません。彼らはそれを彼らのもとに、そして彼らの中に持っているのですから。実際、月がわれわれにとって天であるように、われわれ〔地球〕も月にとって天なのです。したがって、タンシッロが戯れで言った言葉から、われわれはより優れた意見を引き出すことができるのです。

もしも君たちがそばにある善を取らないなら、
どうやって遠くの善を取るつもりかい。
自分のものを軽蔑し、他人の手の中にあるものを
熱望するのは、明らかな過ちだ。
君たちは、見かけを空しく望みながら
自分自身を失っているのだ。
君たちは、口にくわえているものの影を欲しがって
川に飛び込む猟犬なのだ。

影を捨て、真なるものを抱きしめなさい。
現在を未来と交換してはならない。
わたしは、より良いものを持つ希望を捨てはしないが、
もっと楽しく安全に生きるために、
現在を享受し、未来に希望をかける。
こうしてわたしは、二重の甘美さを得ることになるのだ(27)。

要するに、単独者は、一人であるにもかかわらず、一般の無知に対して勝利を収めることができるし、最終的には勝利を収め、凱旋することになるでしょう。事を決するのは、多くの盲目で頑迷な証言や中傷や空言ではなく、最終的に結論を下すことになる、整合性を持った思想の力なのです。実際、すべての盲人たちは見ることができる一人の人間にかなわず、すべての愚か者たちは一人の賢者の代わりを務めることができないのです。

プルデンツィオ　〈もしも君のものが、実際にもまた見かけのうえでも、過去に比べて劣っていても、時が差し出すものに満足して生きなさい。君一人が民衆の判断を軽蔑する事がないようにしなさい。多くの人々を軽蔑しようとすれば、誰にも気に入られなくなるのだ(28)。〉

テオフィロ　これは、食卓や礼儀作法、そして礼儀正しい会話の実践についての、たいそう思慮に富んだ言葉です。しかし、真理の認識や観想の規則については当てはまらないでしょう。このことについて、同じ賢者はこう言っています。

〈君が学ぶのは学識ある人々からにしなさい。無学な人たちは君自身が教えなさい(29)。〉

あなたがおっしゃることは、教えとしては多くの人々に有効ですが、それは大衆に対する助言なのです。というのも、この重責〔真理の認識〕は、誰でも担えるものではなく、ノラの人のようにそれを担う力がある人たちか、あるいは少なくともコペルニクスのように大きな障害なしに目標へ向かって動かせる人たちのためのものだからです。くわえて、この真理を所有する者たちは、もしも彼らが、人々の言うように、ロバの頭を洗うことや真珠に対する豚の振舞を見ることを望まないならば、あるいは彼らの研究と労苦の成果が性急で愚かな無知を、それらの永遠の忠実な仲間である自惚れと無礼とともに生み出すことを望まないならば、あらゆる種類の人にそれを伝達するべきではないのです。われわれが教えることができる無学者や目を開けることができる目の見えない人とは、生来の無能、あるいは才能と規律の欠如ゆえにではなく、注意と思慮の欠如ゆえに見ることができない人たちなのです。このことは、能力の欠如ではなく、行為の欠如のみに関わるのです。能力の欠如により無学な人たちの中の幾人かは、たいそう悪辣で破廉恥なので、ある種の無精な嫉妬のせいで——なにしろ彼らは博学とみなされており、しかも（もっと悪いことに）自分たちを博学と思っているのですから——彼らに教えを授け、彼らが知らないことを示そうと欲する人に対して怒り狂うのです。彼らがいかにかっとなり怒り狂うかをあなたはご覧になることでしょう。

フルッラ　それはちょうど、あの二人の野蛮な博士に起きたことですね。そのうちの一人は、答えと議論につまって、拳固を振りかざし、用意したエラスムスの格言によってけりをつけようと、立ち上がって言いました。「〈なんだって。頭がおかしいのかね。君は、大哲学者を気取って、プトレマイオスやかくも多くの威厳ある哲学者たちや天文学者たちに従わないのだな。無理難題を吹っかけるつもりだな[30]。」さらに彼は、他に二言三言しゃべりました。まったくもって、運搬人たちがロバの荷鞍を測るのに使う、「杖」と呼ばれる二重の鞭でこれらの言葉を彼の背中に叩き付けてやりたくなりました。

テオフィロ　この話題については、いまはここまでとしましょう。他の人たちの中には、信心深い狂気ゆえに、見ることによって破壊されることを恐れ、一度まずいしかたで学んだことの暗闇の中に頑迷にも留まろうとしている人たちもいます。さらにまた、幸福な良き生まれの才能の持ち主たちもいます。彼らが栄誉を与える熱情は水泡に帰すことがなく、彼らの判断は無謀でなく、知性は自由で、目は澄んでいます。彼らは、天によって、真理の（たとえ発見者ではないにしても）価値ある検査者、探求者、裁判官、そして証人にされているのです。これらの人たちの証人と愛を、ノラの人はかつて獲得したことがあり、今も獲得し、将来も獲得することでしょう。これらの人たちは、彼の話を聞き、彼と議論することができる、いとも高貴な才能の持ち主たちなのです。実際、これらのテーマに関して彼に反対するにふさわしい人はいません。自らの能力の欠如ゆえに、彼に賛同したがらない人でも、少なくとも多くの重大で主要なことに関しては彼に同意せざるをえないでしょう。そして、そこに真理を認識できないとしても、少なくとも蓋然性を認識することになるでしょう。

プルデンツィオ　事柄がどうであれ、わたしは古代の人たちの見解から離れたくありません。「知恵は老いた者と共にあり[31]」と賢者も言っているではないですか。

テオフィロ　そして、「分別は長く生きた者と共にある[32]」と付け加えています。もしもあなたが自分の言葉をよく理解するならば、あなたの前提から帰結されるのはあなたが考えているのとは正反対のことであるということがわかるでしょう。すなわち、われわれは、われわれの先駆者よりも老いており、長生きなのです。少なくとも、今問題になっているようなある種の判断事項に関してはそうなのです。彼自身が天文学を再興したとは言えないにしても、天文学の再興のすぐ後に生きたエウドクソスの判断は、アレクサンドロス大王の没後三十年後に生きたカリッポスの判断ほど成熟してはいませんでした。カリッポスは、年を加えるごとに、観察を増やすことができたからです。同じ理由から、ヒッパルコスはカリッポスよりも多くを知っていたはずです。というのも、彼は、アレクサンドロスの没後一九六年までの〔天体の〕変化を知っていたからです。ローマの幾何学者メネラオスがヒッパルコスよりも多くを理解していたのは理にかなっています。彼は、アレクサンドロスの没後四六二年までの〔天体の〕運動の相違を知っていたのですから。アレクサンドロスの没後一二〇二年まで生きたムハンマド・アルバターニーは、さらに多くを知っていたはずです[33]。われわれとほぼ同時代のコペルニクスは、アレクサンドロスの没後一八四九年まで生きたので、もっと多くを知ることができました。しかし、後に生まれた人たちの中には、前に生まれた人たちほど賢明でなかった者もいます。加えて、われわれの時代の多くの人々は、才知を欠いています。そのわけは、前者は他人の生を生きなかったからであり、後者はそれを生きていないからです。おまけに、もっと悪いことに、どちらも自分たちの歳月をさえ死人のように生きたのです。

プルデンツィオ　好きなことを言い、気の向くままに議論を進めるがいいでしょう。わたしは、古代の友なのです。そして、あなたの見解と逆説に関して言えば、かくも多くの賢者たちは、あなたがた新しさの友たちが考えるほど無知ではなかったのです。

テオフィロ　いいですか、プルデンツィオ先生、もしもあなたの通俗的な見解が、それが古い分だけ、真であるのならば、それはきっと新しかったときには間違っていたのですね。あなたの頭脳に適したこの哲学〔アリストテレス哲学〕が存在する前に、カルデア人たちやエジプト人たちやマグスたちやオルフェウス教徒たちやピュタゴラス教徒たちなどといった、われわれの考えに合った人たちが、われわれの記憶がさかのぼる限りの原初に存在していたのです。これらの人たちに対して最初に反逆を企てたのが、古代の敵であると同時に真理と縁のない、これら無思慮で空虚な論理学者にして数学者たちだったのです。したがって、新旧の議論は脇に置くとしましょう。あなたのアリストテレスが見事に指摘したように(34)、いかなる新しいものでも古くなり得るし、いかなる古いものでもかつては新しかったのですから。

フルッラ　わたしにもぜひ一言言わせてください。これ以上黙っているわけにはいきません。あなたは、プルデンツィオ先生に話しかけながら、「あなたのアリストテレス」と言いましたね。アリストテレスがどのような意味で「彼のもの」であるか、〈すなわち〉彼がどのような意味で逍遥学派であるのかについて、わたしがどういうふうに考えているかご存知ですか。ここで少しばかり余談を挿入させてください。それはちょうど、ナポリの大司教の門前の二人の盲目の乞食のようなものです。一人は自分は教皇派であると言い、もう一人は自分を皇帝派であると言いました。そして、このことが原因で、手に持っていた杖で残酷にも互いを打ち始めたのです。もしも彼らが分けられなかったならば、どのようになっていたかわかりません。そこに一人の紳士が近づいて、彼らに言いました。「おまえ、そしておまえ、目の不自由な悪党たちよ、ここに来なさい。教皇派とは、何のことだい。皇帝派とは、何のことだい。教皇派と皇帝派である、とは何を意味するのだい。」一人は、何を答え、何を言ったらいいのか、まったくわかりませんでした。もう一人の答えは、「わたしの主人で、わたしがお慕いするピエトロ・コスタンツォさんは皇帝派です」というものでした。多くの逍遥学派の人たちも同じようなものです。彼らは、アリストテレスのために怒り、熱くなり、真っ赤になり、アリストテレスの学説を擁護しようと望み、アリストテレスの友でない人たちの敵であり、アリストテレスのために生き死にすることを欲していますが、それにもかかわらずアリストテレスの著作の題名の意味さえ理解していないのです。わたしがこれらの人たちの中の一人を示すのをお望みならば、あなたが「あなたのアリストテレス」という言葉を使って話したこの男がそうなのです。彼は、「逍遥学派の君主である、われわれのアリストテレス」や「われわれのプラトン」やその他の言葉をしばしば吐き出すのです。

プルデンツィオ　君の言葉をわたしは気にかけないし、君の評価を評価しない。

テオフィロ　お願いですから、われわれの話をこれ以上中断しないでください。

スミス　テオフィロさん、続けてください。

テオフィロ　あなたのアリストテレスは、様々な見解や結果もまたその他のことと同様に有為転変を蒙ると言っています(35)。それゆえに、哲学の古さに注目する際には、先に昼があったのか、あるいは夜があったのかをはっきりさせなければなりません。したがって、われわれが考察の目を向けなければならないのは、われわれが昼におり、真理の光がわれわれの視野の上にあるのか、あるいはそれが地球の裏側にいるわれわれと反対の者たちの上にあるのか、ということです。すなわち、われわれが闇の中にいるのか、それとも彼らが闇の中にいるのか、ということです。要するに、古の哲学を再興し始めているわれわれが、夜に終わりを告げる朝にいるのか、それとも昼に終わりを告げる夕にいるのか、ということです。そして、二種類の観想がもたらす果実の量から判断すれば、このことを決めるのは少しも困難なことではないのです。

これら二種類の観想に従事する人たちの違いを見てみましょう。第一の人たちは、生活に節度あり、医学に熟練し、観想において判断力に富み、神託に卓越し、魔術において奇跡を行い、迷信に関しては慎重で、法を遵守し、道徳において非の打ち所がなく、神学において神的で、すべての結果において英雄的です。このことの証拠として、彼らの長命、健康な身体、奥深い発明、外れない予測、彼らの仕事によってなされた実体の変容、これらの民の平和な共生、彼らの冒すべからざる秘跡、公正な行為、善良な守護神たちとの親交、そして彼らの驚くべき勇敢な行為の(いまだに残っている)痕跡が挙げられます。彼らと正反対の人たちについては、別の人の判断に委ねることにします。

スミス　われわれの時代の大多数の人たちは、とりわけ教説に関しては、これと正反対のことを考えていますが、どうしてですか。

テオフィロ　ちっとも不思議ではありません。というのも、よくあるように、理解が足らない者ほど自分がより多く知っていると信じ、完全に頭がおかしい者は自分がすべてを知っていると考えるからです。

スミス　どうしたら、彼らを矯正することができるでしょうか。

フルッラ　頭をすげ替えたらどうでしょう。

テオフィロ　何らかの議論を通じて、あの知ったかぶりを取り去ることです。そして、鋭い説得によって、できるかぎりあの愚かな見解を取り除くことです。そうすれば、彼らは耳を貸すことになるでしょう。もっとも、教師は、彼らが有能な精神の持ち主であるということに前もって気づいていなければなりません。そして、ピュタゴラス派とわれわれの学派の慣例にしたがって、彼らが哲学の全課程を聴講するまでは、彼らが質問したり議論したりすることを許されることがないようにしたいものです。というのも、もしも教説がそれ自体において完全であり、彼らによって完全に理解されるならば、それはすべての懐疑を洗い清め、すべての矛盾を取り去ることになるからです。さらに、より洗練された精神の持ち主は、そこに何を付加したり、削除したり、訂正したり、変更したりできるかを見いだすことができるでしょう。彼は、これらの原理と結論をそれらとは正反対の原理と結論と比較することができるでしょう。そして、そのようにして理性的なしかたで同意したり反対したり、問うたり答えたりすることができるでしょう。というのも、技術や学問に関しては、あらかじめ聴講したことがなければ、しかるべき順序にしたがった適切な疑問や問いは不可能だからです。あらかじめ仕事について知らされていなければ、当該の事項に関する良き審査官や裁判官にけっしてなることはできないのです。それゆえに、教説が段階を踏んで進み、諸原理と諸基盤の措定と確証から出発して、教説を構成する諸要素から成る建築物の完成へと向かうときには、聴講者は沈黙を守り、すべてを聞き理解するまでは、教説の進歩によってすべての困難は終わることを信じなければなりません。それに対して、懐疑主義者たちやピュロンの徒たちは別の習慣を持っています。彼らは、いかなることも知ることができないと公言しながら、つねに問いと探求を繰り返し、結局何も見いださないのです。一目瞭然のことについても議論をしたがり、考えうるかぎり最大の時間を失う人たちは、〔先に述べた衒学者たちに劣らぬ〕不幸な輩です。博識であるように見せようとして、あるいはその他の不届きな理由で、教えることも学ぶことも望まず、ただ単に真理に戦いを挑む人たちも、同様です。

スミス　おっしゃられたことに関して疑念が湧いてきました。知ったかぶりをし、自分はつねに話を聞かれるに値すると考える人たちは、数えられないほど多くいます。実際、大学やアカデミーはすべて、自分は雷鳴を司るユピテルに少しも引けを取らないと信じているアリスタルコス(36)たちで満ち満ちています。彼らの教鞭のもとで学ぶ者たちが最終的に獲得することといったら、無知（それは真理の欠如です）から知っていると思い込むこと（それは狂気であり、偽りの習性です）へと移ったということなのです。これらの聴講者たちが何を得たかご覧ください。単純な否定である無知を取り除かれる代わりに、（彼らの言い方を使うと）悪しき状態の無知を得たのです。だとすると、たいそうな時間と労力を費やし、より良い学問や仕事を棒に振ったあげくの果てに、教説を購入する代わりに有害な狂気で心を冒すという大多数の人たちに起きたことがわたしに起きないと、誰がわたしに保証することができるでしょうか。何も知らないわたしが、どのようにして威厳と威厳のなさの間の、困窮と豊かさの間の、賢者と思い込んでいる人たちと賢者とみなされる人たちの間の、相違を認識することができるでしょうか。われわれはみな無知な者として生まれ、自らの無知をたやすく信じ、われわれの家の規律と習慣によって成長し、育てられます。そして、われわれはわれわれの敵対者たちや異邦人たちの法や祭祀や信義や習俗に対する悪口を頻繁に聞くのですが、それはちょうど彼らがわれわれやわれわれのものに対する悪口を聞くのと変わらないのです。ある種の自然の栄養の力で、われわれのものに対する熱意の根がわれわれに植え付けられていますが、それはちょうどわれわれとは異なった多くの人たちの中に彼らのものに対する熱情が植え付けられているのと変わりません。それゆえに、われわれがわれわれの信仰の敵たちを迫害し、殺し、打ち破り、暗殺したとき、われわれは神々に犠牲を捧げたことになると考える習慣がたやすく形成されましたが、他のすべての人たちもわれわれに対して同じように振る舞ってきたのです。そして、彼らは、永遠の生を約束する明かりをもたらしてくれたと神に感謝するのです。そして、その際に彼らが示す熱意と信念は、われわれが彼らが陥った盲目と闇に陥らずにすんだとして神に感謝する熱意と信念に劣らないのです。宗教と信仰に関するこれらの確信に、学問に関する確信を加えてみましょう。わたしは、両親や教師たちといったわたしを支配する人たちの選択のお蔭で、あるいはわたしの気まぐれや空想のお蔭で、あるいは学者の名声のお蔭で、馬鹿な教師の傲慢で運がいい無知のもとで、他の人がさして無知ではないどころか博識な教師のもとで得たものに劣らないものを得たと内心満足しているのです。子どもの頃からある種の確信によって養われ、信じ込むことに慣れきった人は、一目瞭然のことを理解することさえできないのです。それはちょうど、毒を食べることに慣れている人たちに起きることと似ています。彼らの体質は最後には毒によって害を感じることがなくなり、毒を自然の栄養に変えてしまいます。その結果、解毒剤自体が彼らに取って死をもたらすことになるのです。ですから、もしもある人の心があなたの提案にではなく他の多くの異なった人たちの提案に対して関心を持っているとき、あなたはどのような技を使ってその人が他の人にではなくあなたに耳を傾けるように仕向けるのでしょうか。

テオフィロ　もしも運良く、真の導き手としての評判を持つだけでなく、実際にそうである人に出会うことができ、より良きものを選択するようにあなたの精神の内部が照らし出されるとしたら、それはまさに僥倖と言うべきことなのです。

スミス　しかし、通常は、人は一般の判断に従うものです。そうすれば、たとえ間違えても好意と仲間を失うことはないからです。

テオフィロ　人たる者にとってまったくふさわしからぬ考えです。こんなことだから、賢明で神のような人たちは少数なのです。そして、それは神の意志でもあります。ありきたりで一般的でしかないものは、評価もされなければ貴重でもないのですから。

スミス　たしかに、真理は少数の人たちによって知られ、高い評価を受けるものはごくわずかな人たちによってしか所有されないのでしょうね。わたしを混乱させるのは、少数者、そしてもしかするとたった一人の人間にしか見いだされないが、だからといって評価されず、価値を持たず、より大きな狂気や悪徳であり得るものが、たくさんあるということです。

テオフィロ　そうですね。しかし、結局のところ、真なるものとふさわしいものとを大衆の外に求めるほうが安全なのです。というのも、大衆は、けっして貴重で価値あるものを持つことがないからです。完成された、賞賛に値するものはつねに少数者のもとに見いだされるのです。もっとも、もしもこれらの〔完成された、称賛に値する〕ものだけが稀であり、稀な人たちのもとにあるとしたならば〔実際には、先に述べたように、大きな狂気や悪徳が少数者のもとにあることもあるのですが〕、その場合、誰もがそれを獲得することはできないとしても、少なくとも知ることはできるでしょう。そうなると、それが価値を持つのは、認識を通してではなく、唯一所有を通してだけとなることでしょう。

スミス　それでは、この話はこれまでにして、ノラの人の考えを少し聞くことにしましょう。彼はもう、われわれが耳を傾けるだけの信頼をじゅうぶんに獲得したのですから。

テオフィロ　彼はそれ以上のことを要求しないでしょう。さて、彼の哲学の強靭さに目を向けてください。それは、自らを維持し、守り、真理を発見し、ソフィストたちの詭弁や大衆と通俗哲学の盲目を明るみに出すのです。

スミス　今はもう夜ですから、われわれはこの目的のために明日同じ時間にここに集まりましょう。そして、ノラの人の話と教説を考察することにしましょう。

プルデンツィオ　〈野原はじゅうぶんに水を飲んだ。湿った夜が落ちてくるから[37]。〉

第二対話

テオフィロ　そこで、ファルク・グレヴィル氏は言いました(38)。「ノラの人よ、地球が動くというあなたの考えの根拠を示してください」。それに対するノラの人の答えは、以下のものでした。すなわち、彼がいかなる根拠も示さなかったのは、グレヴィル氏の力量を知らなかったためである。彼は、グレヴィル氏によってどういうふうに理解されるかわからないので、彫像に向かって理屈を言い、死人と話しにいく人と同じはめに陥るのを恐れている。それゆえに、まずグレヴィル氏が自分を反対の意見へと説得する根拠を示して欲しい。そうすれば、グレヴィル氏が根拠を示す際にみせる精神の明るさと力に応じて、彼は回答を提示しよう。こう彼は答えたのです。さらに彼は以下のことを付け足しました。すなわち、彼は、正反対の意見の無能を、これらの意見が自らを確立する際に用いるのと同じ原理によって示したくてうずうずしているので、この企てに適うと判断される人たちを見つけることができたらたいへん喜ばしいことである。その時は、彼はつねに質問に答える用意がある。このようにして、彼のこの哲学が通俗的な哲学に対して持つ力を示すことができるだろう。そして、質問に答え、自らの説を開陳する機会が大きければ大きいほど、彼はそのことをより見事に成し遂げるだろう。こう彼は言ったのです。この返事は、ファルク氏にたいそう気に入りました。彼は言いました。「あなたの申し出はとても喜ばしいものです。提案を受け入れましょう。日を決めて、幾人かの人たちがあなたと対決するようにしましょう。そうすれば、あなたはたぶん、あなたの言い分を公にするじゅうぶんな機会を持つことになるでしょう。一週間後の聖灰日にあたる水曜日に、あなたを多くの紳士や学者たちと一緒に招待しましょう。そうすれば、食事の後で、幾多のすばらしいテーマについて議論することができるでしょう。」ノラの人は言いました。「今回も、また似たような機会が提示されるすべての場合にも、わたしは出席をお約束いたします。理解と知識を求めるわたしの熱意を妨げるような重大事など、わたしの選択肢には存在しないのですから。とはいえ、お願いですから、卑しく、行儀が悪く、この種の観想に関する理解が浅い人たちが来ないようにしてください。」（彼の疑いには確かに理由がありました。というのも、彼が文芸について議論を交わしたこの国の多くの博士たちの振舞は、牛飼のそれと変わらなかったからです。）ファルク氏の答えは、彼の相手になる人たちは品格においても学識においても卓越しているので、疑いを持つ必要はない、ということでした。こうして、話は終わったのです。さて、約束の日が来ると――ムーサよ、わたしが話すのを助けてください。

プルデンツィオ　〈呼びかけ、パトス、祈願、詩人たちの風習。〉

スミス　プルデンツィオ先生、話を聞いてください。

プルデンツィオ　〈喜んで。〉

テオフィロ　ノラの人は、昼食の後まで待ちましたが、いかなる報せも来なかったので、あの紳士は他の仕事のために約束を忘れたか、あるいは約束を妨げられたのだろうと思いました。そして、この考えから解放されて、散歩に出かけ、何人かのイタリア人の友を訪ねました。彼が日没の後になって遅く帰宅すると……。

プルデンツィオ　すでに輝きを発するフォエブスは、われわれの半球に背を向け、地球の裏側に住む人たちを照らすために輝く頭とともに去ったのだ。

フルッラ　〈先生〉、お願いですから、お話しください。あなたの話し方は、驚くほどわたしの気に入るのですから。

プルデンツィオ　あー、もしもわたしが話を知っていたのなら。

フルッラ　それなら、あなたの悪魔にかけて、黙っていてください。

テオフィロ　……夜遅く帰宅すると、家でフロリオ氏[39]とグイン氏に会いました。彼らは彼を捜すのに躍起になっていたのです。そして、彼が来るのを見たとき、こう言いました。「さあ、お願いですから、急いで出かけましょう。多くの騎士や紳士や博士があなたを待っているのですから。彼らの中の論者の一人は、あなたと同じ名字を持っていますよ[40]。」ノラの人は言いました。「悪くないですね。唯一の間違いは、昼間に仕事をしようと望んでいたのに、灯火のもとで議論をするはめになったということだけです。」グイン氏の言い訳は、幾人かの騎士たちが出席を望んでいたが、「昼食に加わることができなかったので、夕食に来た」ということでした。ノラの人は言いました。「さあ、行くとしましょう。そして、この暗い晩に、これだけの長い距離を物騒な道を通っていくわれわれに、神のご加護があらんことを祈るとしましょう。」

　さて、われわれは道をまっすぐ行くことができたのですが、近道をしたほうがいいと思い、宮殿へとわれわれを運んでくれる小舟を探しに、テームズ川に向かって曲がりました。そして、ブックハースト卿[41]の邸宅前の橋に着き、そこで「オールズ oares」（「ゴンドラの漕ぎ手」のことです）と叫びながら、たいそうな時間を浪費したのです。実際、もしも歩いていたならば、われわれはその時間で、目的地に着き、さらに小さな用事を済ますことができたのです。やっとのことで、二人の渡し守が返事をし、まるで首を吊られに来るかのように、たいそうゆっくりと岸へとやってきました。そして、出港地や目的地や理由や方法や値段に関する多くの質問と答えの後に、彼らは船首を橋の階段の最後の部分に近づけたのです。そして、そこにいた二人のうち、冥界の年老いた船頭のような奴がノラの人に手を差し伸べました。そして、六十五歳ぐらいに見えるにもかかわらず、この船頭の息子だと思われるもう一人の奴がわれわれを船上へと迎え入れたのです。なんと、ヘラクレスやアエネアスやサルツァの王ロドモント[42]が乗ったわけでもないのに、

〈重さで船が軋む。
革の縫い合わせに裂け目ができ、多量の沼の水が入った[43]。〉

この音楽を聞いて、ノラの人は言いました。「この男がカロン〔冥界の渡し守〕でなければいいのですが。こ

の船はどうやら〈永遠の光〉のライバルと呼ばれたあの船のようです。それは間違いなく、ノアの方舟と古さを競い合うことができるでしょう。ほんとうに、それは洪水の遺物の一つであると思われます。」この船のどの部分に触れようと、それに対する音の反応があり、ちょっとした動きに対しても船全体が鳴り響きました。ノラの人は言いました。「わたしの記憶が正しければ、テーベの城壁が音を出し、時には音楽に合わせて歌ったという話がありますが、どうやらそれは作り話ではないようですね。もしもこのことを信じないなら、この船の声音を聞いてください。波があらゆる側面の亀裂を通して入るときにたてるピューピューという音は、まるでフルートのようじゃないですか。」それを聞いて、われわれは大笑いをしました。

ハンニバルは、悲しき帝国が運命の
女神に痛めつけられるを見て、
涙ぐむ群衆の間で笑ってみせた(44)。

プルデンツィオ　〈冷笑的な笑いだ。〉

テオフィロ　われわれは、怒りや時や季節が愛に屈するように、あの甘美な調和に誘われて、音に和して歌いました。フロリオ氏は、（まるで自分の愛を思い出したかのように）「ああ、愛しの人よ、わが身を離れて、いずこにいるのか(45)」と歌いました。ノラの人は、「悲しみに打ちひしがれたこのサラセン武者は……ああ、女の性《さが》よ(46)」

等と応答しました。このようにして、少しずつ、船とこれら二人の老人の役立たずの腕が許す限り、われわれは進みました。この船は、(虫と時間に浸食されて、コルクの栓の役にも立たない状態でしたが)〈ゆっくり急げ〉という方針のもとにまるで全部が鉛でできているかのように見えました。二人の老人は、身のこなしを見る限り背が高く見えましたが、それにもかかわらずじつに遅々たる漕ぎ方をしていました。

プルデンツィウス 〈見事な表現だ。〉〈急げ〉は船員たちの忙しげな背中を表し、〈ゆっくり〉は漕ぎぐあいを表している。まるで、庭の神のできの悪い職人が……

テオフィロ このようにして、たいそう時間をかけて少しだけ進み、道程の三分の一ほどを終えて、「神殿」と呼ばれている場所を少し越したところで、なんと老人たちは、急ぐ代わりに船首を岸に近づけたのです。ノラの人は言いました。「彼らはどうするつもりですか。もしかして、少しばかり息を継ぐつもりですか。」通訳の説明は、彼らの部屋はここにあるので、彼らはこれ以上先に行くつもりはない、とのことでした。彼らにいくらお願いしても、なんにもなりませんでした。というのも、彼らは野卑であり、粗野な民への愛の神が彼らの胸に多くの矢を射ていたからです。

プルデンツィオ 〈野卑な人間たちはみな、最初から、すなわち自然によって、何一つ徳への愛によってなさず、また罰への恐れゆえにたいしたことをなさないようになっている。〉

フルッラ 粗野な人間に対する別の格言もあります。

〈彼は、懇願されると図に乗り、
押されると懇願し、
拳固で殴られると崇拝する(47)。〉

テオフィロ　結局、彼らはわれわれをそこに置き去りにしたのです。そして、われわれから礼金を受けた後で（というのも、この地では、この種の悪党の犠牲者は他に何もできないのです）、彼らは街路にまっすぐ出る道を指し示したのです。

さあ、メルリン・コカイのムーサである甘美なマフェリーナよ、わたしに霊感を与えたまえ(48)。この道のはじめには泥沼があり、それを避けることは、いかに運がよかろうと不可能でした。われわれ以上に学校で教育を受けていたノラの人は言いました。「汚泥の中に道が見えるように思われます。わたしについてきてください。」この言葉を言い終える前に、彼はこの泥の中にはまってしまい、足を抜くことができなくなりました。こうして互いに助け合いながら、われわれはその中に入り、この煉獄が長く続かないことを願ったのです。しかし、敵対的で過酷な運命によって、彼とわれわれ、われわれと彼が入り込んだ泥だらけの道は、嫉妬の庭園や快楽の庭のように、至る所で高い壁に阻まれていたのです。そして、われわれを導くいかなる光もなかったので、われわれは、一歩ごとに目的に着くことを期待していたにもかかわらず、来た道と行く道の区別さえできなかったのです。そして、泥水のまっただ中を進みながら、深くて暗い沼に膝まで踏み入れたのです。そこでは互いに助言し合うこともできず、何を言うべきかもわからないまま、皆黙りこくっていました。そして、それぞれが、怒りに任せて口笛を吹いたり、ぶつぶつつぶやいたり、つばを吐いたり、ため息をついて少しだけ立ち止まったり、口の中で罵詈雑言を吐いたりしていたのです。そして、目が役に立たなかったので、足が足に従い、目の見えない人が目の見えない人の案内をしようとして何がなんだかわからなくなっていたのです。
それゆえに

それはちょうど、固い寝床の上に横たわり、
時の遅々たる歩みを長い間嘆く男が
鉱石や歌や薬や酒によって
彼を苦しめる重病を殺そうと望むようなもの。
この患者が試行錯誤の末
すべての治療が苦しみに打ち負かされるのを見たとき、
彼は絶望の中に平静を見いだし、死に向かいながらも、
いかなる助けの試みも軽蔑するようになる(49)。

このようにわれわれも、試行錯誤を繰り返し、われわれの災厄に対する治療を見いだすことができなかった

ために、絶望して、もはや無益なことに脳みそを絞ることはせずに、腹をくくって、あの泥水の大海を通って、水たまりから水たまりへと歩いたのです。この泥水は、テームズ川の深みから岸辺へ向かって緩やかな流れを……

プルデンツィオ　なんという見事な結語だろう。

テオフィロ　われわれの誰もがエピクロの作品の悲劇的な盲人の決意を固めました。

わたしの致命的な運命が盲目的にわたしを導き、
足の向くままにわたしを歩ませ、
哀れみを捨ててわたしを置き去りにする。
わたしが深い谷底に飛び込むことで、
わたしをこの大きな戦いから救い出す
慈悲深い堀や洞窟や岩を見つけたいものだ(50)。

しかし、神々のお蔭で（というのも、アリストテレスが言うように、〈現実態において無限は存在しない〉のです）、これ以上の災厄に遭遇することなく、われわれはようやく湿地にたどり着きました。この湿地には道になるだけの隙間は依然としてありませんでした。しかし、そこにはわれわれの足の邪魔になるものがなかったので、わわれわれはようやく肩の荷を降ろしたのです。そして、道をさらに上って行くと、われわれはついに溶岩状の岩にたどり着きました。この岩の片側には、われわれが乾いた場所に足を置くことができるごつごつした場所がありました。われわれは、そこを、頭や足の骨を折る危険を冒しながら、酔っぱらいのように一歩一歩よろめきながら進んだのです。

プルデンツィオ　〈結論。結論。〉

テオフィロ　要するに、〈ついに悦楽の野に住みついて[51]〉、われわれが大きな整備された道路に着いたときには、まるで楽園の原にでもいるような気がしました。そして、この忌々しい寄り道がわれわれをどこに連れてきたのかを場所柄から考えた末、なんとわれわれが船を探しに出かけたところからろくに離れていない、ノラの人の家の近くにいることがわかったのです。あー、多様な弁証論よ、罠に満ちた疑念よ、ずうずうしい詭弁よ、揚げ足取りの小理屈よ、難解な謎よ、複雑な迷路よ、悪魔のようなスフィンクスよ、どうか解決してください。

　二つに分かれる怪しげな道で
　哀れなわたしは、何をするべきか。何を言うべきか[52]。

その場所から、われわれは帰宅を促されました。というのも、泥沼氏と湿地氏がわれわれの足にぴったりと靴を履かせたので、われわれはほとんど足を動かせなかったからです。さらに、場所占いの規則と鳥占いの指令が、この旅を続けないようにとずうずうしくもわれわれに助言をしました。星々はみな、漆黒のマントに覆われており、われわれを暗黒の空気の中に置き去りにして、帰宅を強制していました。時間もまた、これ以上遠くに行かずに、すこしだけ後戻りをして帰るようにとわれわれを促していました。周辺の場所もその考えに寛大にも賛同していました。片手でわれわれをここまで押しやった機会は、いまや両手に力を込めてたいそう力強くわれわれを押し返していました。最後に、疲労が〔石が内的な原理と本性によって〔地球の〕中心に向かって動くように〕われわれに同じ道を示し、われわれを右に曲がらせようとしていました。他方で、行くことをあきらめれば、多くの労苦と苦しみと不快がまったくの無駄になってしまいます。しかし、良心の虫が繰り返し言いました。「もしも二十五歩にも満たないこのわずかな道がこれほど高くついたのならば、残りの多くの道はどうなるのだろうか。〈もっと大きな損を蒙るよりは、損を蒙るほうがいい(53)。〉」一方では、あの騎士たちや高貴な人物たちの期待を裏切りたくないという共通の欲求がわれわれを招いていました。しかし他方では、彼らはこの時期、この時間、そしてこの機会に、紳士たちに馬や船を送ろうという配慮も考えも持たなかったのだから、われわれが行かずとも気にかけないだろうという残酷な悔恨が反論していました。一方では、われわれは結局のところ礼儀作法を欠いた気難しい者と見なされる危険がありました。そして、利益と奉仕という尺度で物事を測り、作法にかなった振舞を行うよりもそれを受けるのに慣れ親しんでいるかどで、そして、野卑で無知な人間のように、礼儀作法において人に勝るよりも、むしろ人に勝られることを望んでいるかどで、非難されかねませんでした。他方では、われわれには「不可抗力」という弁解がありました。一方では、行くという約束をし、行かなかったときには何を陰で言われるかわからないという、ノラの人の特殊な利害がわれわれを引きつけていました。それに加えて、彼は、習俗を見、才ある人たちと知り合い、可能ならば何らかの新しい真理を受け入れ、知識欲を満足させ、自分に欠けていることを受け入れる、そういう機会が彼に提供されることをおおいに望んでいたのです。他方では、われわれに共通した嫌悪感とある種の気分がわれわれの足を引っ張っていました。この気分が語った理屈は、語るには値しないとはいえ、より真実に近いものでしたが、この矛盾を誰が解決するのでしょうか。この自由意志の勝利者は誰でしょうか。理性は誰の側にあるのでしょうか。運命は誰を選んだのでしょうか。ご覧ください、この運命は、理性を媒介として、知性の扉を開き、中に入りました。そして、旅を続けることにただちに同意するという選択を命じたのです。〈耐えるに難い苦しみよ(54)〉という声が聞こえました。「おー、小心の、軽薄な、気まぐれの、肝の小さな人間たちよ……」

プルデンツィオ　〈調和のとれた誇張法。〉

テオフィロ　「この企ては、困難とはいえ、不可能ではない、困難とは、怠惰な者たちを置き去りにするためのものなのだ。平凡でたやすい事柄は、大衆と凡人のためのものだ。類稀れで英雄的で神的な人たちは、必然性が彼らに不死性の栄冠を認めることを余儀なくせざるをえなくなるように、この道を通るのだ。加えて、最終的には賞を勝ち取ることができないにしても、走り続けなければならない。そして、たいへん重要な事柄に力を集中し、最後の最後まで抵抗しなければならない。勝者だけが賞賛されるのではなく、臆病者や怠け者として死なない者も賞賛されるのだ。臆病者と怠け者は、自らの敗北と死の責任を運に背負わせ、自らの欠点によってではなく運命の過ちによってこのような終末に達したと世間に示すのだ。賞を獲得した者だけが栄誉に価するのではなく、よく走り、勝利を得ることはないにせよ、十分にそれに価するだけの働きをしたとみなされる者も栄誉に価する。コースの途中で絶望して立ち止まり、最下位であるにもかかわらず息や力を温存してゴールに到達する者は、恥知らずな人間だ。

〈時間をかけて選ばれ、丹念に確認された種子が
手を抜けば駄目になるのをわたしは見た。
このようにすべては運命によって劣化し、気づかぬうちに後退する。
まるで逆流に向かって舵を漕ぐ者が腕を休めたとき
川船を上流へと進めることができず
船が真っ逆さまに落ちていくように(55)。〉

それゆえに、忍耐強くなければなりません。なぜならば、労苦が多ければ多いほど、報酬はありきたりなものではないからです。貴重なものはすべて、困難の中に置かれています。至福の道は狭くて岩だらけです。もしかすると、天はわれわれに大きなことを約束してくれています。詩人も言っているではありませんか。

〈父なる神御自身が農耕の
道が容易くないことを望まれたのだ。最初に彼は
農地が技術によって耕されることを定め、人間の心を気遣いの研石で研いだ。
そして彼の王国が無為の中に停滞するのを防いだ(56)。〉

プルデンツィオ　これは、より重要な素材にふさわしい、大仰な展開だな。

フルッラ　低俗なものを賞賛するのは、君主たちに許されている権限のひとつです。もしもそれらが賞賛にふさわしいならば、それらはふさわしいものと判断され、ほんとうにふさわしいものになるでしょう。そして、この点において、君主たちの行為は、偉大な人たちを褒め讃えるよりも、あるいは位の高い人たちをそのままにしておくよりも、いっそう光輝で有名なものになるのです。偉大な人たちは、自分たちの偉大さによって、どのみち賞賛に値すると思っていますし、位の高い人たちは、自分の位は君主の恩恵や親切や度量の大きさゆえにではなく、正義と理性によって獲得されたと思っているからです。さて、このことをテオフィロさんの話に当てはめてみてください。プルデンツィオ先生、このことがまだあなたにとって困難に思われるならば、この素材から取り出したものを別の素材にくっつけてください。

プルデンツィオ　わたしが言ったのは、この展開はいま提示されている素材にとってあまりに大仰だということだよ。

フルッラ　ついでに付け加えておきますと、テオフィロさんはプルデンツィオさんのことを軽視しているようですね。とはいえ、どうかお許しください。あなたの病気は感染するみたいですから。そして、テオフィロさんが必要から美徳を、病気から用心と忍耐と健康を作り出すことができるということを疑わないでください。テオフィロさん、話を続けてください。

プルデンツィオ　〈師よ、さらに話してください。〉

スミス　さあ、時間を失わないように急ぎましょう。

テオフィロ　さあ、テオフィロよ、翼を広げて準備しなさい。このテーマは、いま現在、世界において、報告するに値するもっとも高邁なことだということを知りなさい。いまは、北極圏に近いこの寒空から地球全体にたいそう明瞭な明かりを送っている、あの地上の神、あの唯一のまれに見る婦人について話す時ではない。この婦人とは、肩書きにおいても王室の威厳においても、世界中のいかなる王にも劣らない、エリザベスのことだ。判断と知恵と熟慮と支配において、彼女は、地上で王杓を手にする誰にも引けを取らない。芸術の認識においても、学問の知識においても、ヨーロッパで一般人や学者が話すすべての言語の理解と活用においても、彼女は、疑いなく、他のすべての君主たちに勝っている。彼女はたいそうな凱旋者なので、もしも運の帝国が寛大な精神と才能の帝国に対応し等しくなるならば、彼女はこの地球の唯一の支配者となったことだろう。そして、彼女の神的な手はこの世界的な王国から成る地球をもっと意義深いしかたで支えることになっただろう。

あのたいそう英雄的な魂について語る機会は、おまえには与えられていないのだ。この魂は、すでに二十五年以上にわたって[57]、敵対的な海の嵐のただ中にいながらも、自らの目で合図するだけで、平和と静安を勝利に導いたのだ。彼女を四方から取り巻くこの傲慢で狂った大海が全力を挙げて、多様な嵐の強靱な波浪と膨張した波によって彼女を襲ったが、それらのただ中にいても、彼女の魂は微動だにしなかったのだ。彼女について話をする機会は、おまえには与えられていないのだ。彼女は、望みとあらば、自らの唯一で無類の存在の威厳を損なうことなく、古の時代の女王と比較されることができる。というのも、彼女はすべての女王たちを凌駕してあまりあるからだ。彼女らのうちの幾人かを、彼女は権威の大きさによって凌駕し、幾人かを長期の、完全な、そしていまだに短縮されていない忍耐強い支配によって凌駕している。そして、全員を節制と廉恥と才能と知識によって凌駕している。また、あらゆる類いの外国人を歓迎し、恩恵と好意を出し惜しみしない、歓待の精神と丁重さによっても、彼女は古のすべての女王たちを凌駕しているのだ。

いとも光輝に満ちたレスターの伯爵、ロバート・ダドリー伯[58]について話す機会は、おまえには与えられていない。伯爵は世界に知られており、周辺の諸王国では英国の王国と女王の名声とともにその名を語られている。伯爵はまた、寛大な精神を持ったイタリア人たちに心から賞賛されているが、とりわけ彼らが伯爵およびそのご夫人[59]から特別な好意をもって受け入れられ続けてきたからだ。伯爵は、王国の評議会の偉大なる秘書であるフランシス・ウォルシンガム氏[60]とともに、女王の輝ける太陽の近くに座す者として、彼らの偉大な高貴さの光で暗闇を消滅させることができ、友愛に満ちた丁重さの熱で、ブリテン人のみならず、スキティア人やアラブ人やタタール人や食人種において見られるあらゆる粗暴と粗野を洗練し浄化することができるのだ。英国の多くの騎士や貴人の誠意ある会話と礼節と教養について言及する時ではない。これらの一人であるフィリップ・シドニー氏(61)は、わたしがミラノとフランスにいたときには評判を通じて、そして彼の祖国に滞在するいまは直接お会いすることによって、よく知られている。氏の清らかな才知は〔賞賛に価する品行方正さとともに〕たぐいまれなものであり、彼に似た人を見つけるのはイタリアの外だけでなく、内においてさえ困難なのである。

賞賛する理由はないが、嫌われ者の大衆がずうずうしくもわたしの話に割り込んでくる。この〔英国の〕大衆は、大衆であるという点において、気前が良すぎる大地がそのふところにて養うすべての大衆を凌駕している。実際、この大衆は、わたしがいままで見てきた不敬で不遜で無礼千万で行儀が悪いすべての大衆の試金石とも言えるものなのである。外国人を見ると、彼らは〔神よ〕狼や熊のようになる。そして、厳しい目つきで、まるで目の前にある餌桶を奪われた豚がするような顔をするのだ。この卑賤な大衆は、見方によって、二つの部分に分かれる……

プルデンツィオ　〈すべての分割は二肢であるか、あるいは二肢に還元され得るものでなければならない。〉

テオフィロ　ひとつの部分は、職人や店員であり、彼らは異国風の人を見ると顔を歪めて笑い、馬鹿にし、陰口を叩き、彼らの言葉で「犬」や「裏切り者」や「外人」と呼ぶ。この最後の言葉は、彼らにおいてもとても侮辱的なものであり、その所有者——若者であろうと老人であろうと、文人であろうと武人であろうと、貴族であろうと紳士であろうと——をして世界中のすべての不正を受けるに足る者にするのだ。彼らの振舞は、外国人を攻撃する機会を得ようという欲望に動かされてのことだ。そして、この点において、彼らはイタリアにおけるようには事が進まないのを知って安心しているのだ。イタリアでは、この種の悪党に誰かがいちゃもんをつけられたときには、彼を捕まえに警吏が来ないかどうかすべての人々が見守るだろう。そして、もしもそこで何かする人がいる場合、それは両者を引き離し仲裁し、無力な者を助け、とりわけ外国人の側に立つためだ。悪党を逮捕する勇気と権威を持つのは、宮廷や法務省の役人、〈すなわち〉警官であり、もしも警官が非力なときには、誰もが彼をこの種の任務において助けるのをためらうようになる。その結果、警官あるいは警官たちは、追跡に失敗することになるのだ。しかし、この地では、もしもおまえが運悪く悪党の一人に対して手をかけたり、武器を手にしたりすると、おまえは直ちに道中に溢れる野卑な輩たちのただ中に置かれることになる。これらの輩は、(詩人たちが創作した)イアソンによって植え付けられた竜の歯から武器を持った男たちが大勢生まれたという物語よりももっと速く、大地から頭をもたげるように見えるが、実際には店から出てくるのだ。そして、棒や長棒や矛槍や矛や錆び付いた熊手の森が出現するというわけだ。これらの武器は、もともと君主によってもっと良い使用のために認められていたのだが、この種の機会のために用意されているのが常なのだ。そして、これらの武器は、狂乱した野卑な輩たちの手で——人物や場所や時や方法を考慮せず、誰かと相談することもせずに——おまえに殺到することになる。このようにして、各人は外国人への生得の憎悪を吐き出して、(もしも同じような考えを持った別人の群衆に邪魔されなければ)手と鞭を使っておまえの上着を滅多打ちすることになるだろう。そして、おまえが用心深くないときには、帽子が頭にぴったりと張り付くほど殴られることになるだろう。そして、もしもこの種の悪事を嫌う金持ちや紳士がその場に居合わせたとしても、その人は（たとえ伯爵や公爵であっても）おまえと一緒にいることからくる被害を懸念して（というのも暴徒はこのように武装しているときには誰にも遠慮しないのだから）おまえにとって何の助けにもならずに、じりじりしながらその場から離れて、決着がつくのを待つことになるのだ。〈最後に〉もしもおまえが医者のもとに行き疲労し傷ついた体を休めようとするならば、おまえはそこに多くの警吏や密偵がいることに気づくだろう。そして、おまえが誰かに暴力を加えたと、彼らが偽りの主張をするときには、おまえの背中と足がいかに傷ついていようとも、彼らは殴打によっておまえを走らせ、牛やロバやラバに蹴られたほうがまだましな凶悪な拳骨によっておまえを前進させるだろう。その速さと言ったら、あたかもおまえがメルクリウスの翼の付いた靴を履いているか、ペガサス馬に乗っているか、ペルセウスの駿馬にまたがっているか、アストルフォのヒッポグリフに乗馬しているか(62)、ミディアンのラクダを所有しているか(63)、三人の魔術師たちのキリンの一頭に乗っているかのようだろう。そして、彼らは、おまえを牢獄に入れるまでは、おまえから離れないだろう。そこで、〈わたしは自らをあなたに委ねます(64)。〉

プルデンツィオ　〈稲妻と嵐から、怒りと憤りから、野卑な輩の悪意と試みと狂乱から……〉

フルッラ　〈主よ、われわれを救いたまえ。〉

テオフィロ　これらの輩に続いて、従者たちが来ます。もっとも男爵の臣下で、通常（主人の野心や自らの傲慢なへつらいによる場合を除いて）紋章やお仕着せを着けない、一級の従者は例外です。彼らは礼儀作法をわきまえているのですから。

プルデンツィオ　〈すべての規則には例外がある。〉

テオフィロ　わたしが話すのは、別の種類の従者なのです。その中の一つの種類は、二級の従者であり、お仕着せを着けています。もう一つの種類は、三級の従者であり、彼らの主人は従者にお仕着せを着けさせるほど偉くないか、あるいは彼ら自身がお仕着せを着けるにふさわしくありません。さらにもう一つの種類として、四級の従者がいますが、彼らはお仕着せを着けた従者と着けない従者に従う、従者の従者なのです。

プルデンツィオ　〈従者の従者とは、けっして悪い肩書きではない(65)。〉

テオフィロ　一級の従者は、貧窮した紳士であり、彼らは物や庇護を求めて有力者の翼下に入ります。彼らの大半は、家を失わず、面目を保ちながら主人に従い、主人からも評価されて、彼らの庇護を受けるのです。二級の従者は、仕事に失敗した商人や職人や、法律や技芸を学んでも何の得にもならなかった連中です。彼らは、学校や商店や工房からの除籍者ないし逃亡者なのです。三級の従者は、より大きな労苦を避けるために、より自由な職業を放棄した、怠け者です。彼らは、船を失った水棲の怠け者か、畑を失った陸棲の怠け者のどちらかです。最後の、四級の従者は、雑多な寄せ集めであり、自暴自棄の者や、主人の庇護を失った者、嵐から逃れた者、巡礼者、役立たずの無精者、盗む事ができなくなった者、脱獄したばかりの者、初対面の人間を騙そうと企む者から成っています。彼らは、両替所の列柱やセント・ポール大聖堂の扉のあたりにたむろしていた者たちなのです。同様の輩は、パリでは王宮の扉のあたりに、ナポリではサン・パオロ・マッジョーレ寺院の石段に、ヴェネツィアではリアルトに見いだすことができます。

最後の三つの種類に属する輩たちは、自分たちが家の中でいかに権力を持ち、腹を満たし、立派な兵士であり、全世界を軽視していることを示そうとして、彼らのためにたっぷりと道を譲らない者に対して、まるでガレイ船の戦場におけるかのように、肩で突き飛ばし、その人をぐるっと回転させるのです。このようにして、彼らは自分たちがいかに強く、強靭で、権力を持ち、必要とあらば船団を破壊するに足ることを見せつけるのです。そして、彼らが出くわす人間が外国人であるときには、その外国人がどれほど道を譲ろうが、彼は彼らの力がカエサルとハンニバルとヘクトルと角をつく雄牛を合わせたものであることを思い知らされるのです。彼らが真似をするのは、（とりわけ荷を背負っているときには）ただ一直線に進もうとして、あなたが動かないときには自分も動こうとせず、あなたがこいつに、あるいはこいつがあなたにぶつかることになる、ロバだけではありません。彼らはまた、水を運ぶロバの真似もします。これらのロバは、あなたが用心していないと、水瓶の口にある鉄の出っ張りの先であなたに思い知らせることことでしょう。彼らはまた、ビールやエール〔強いビール〕を運ぶロバの真似もします。これらのロバが走っているところにあなたが不注意にもぶつかると、彼らは彼らが運んでいる荷物の重さをあなたに思い知らせることでしょう。そして、彼らはたんに物を背に載せるだけでなく、それを前に投げ落とし、場合によってはその上に荷車を走らせることさえできるでしょう。とりわけこれらのロバは、この場合彼らが荷物を運んでいるという権威によって、非難を逃れることになります。人間よりも馬やラバやロバが評価されるというわけです。

わたしが非難するのは、僅かながらも理性を持ち、他の動物よりも人間の像や似姿に近い、他のすべての輩です。彼らは、「こんにちは」や「こんばんは」と言うかわりに、まるであなたのことを知っておりあなたに挨拶したいかのように、あなたに向けて親切な顔つきをした後で、あなたに獣のような殴打を加えるのです。わたしはまた、別の輩も非難します。彼らは、時には逃げる振りをして、あるいは誰かを追いかける振りをして、あるいは急用で走る振りをして、店の中から飛び出します。そして、興奮した牛が与えるような突きを、逆上に駆られて、あなたの背中や脇腹に食らわすのです。数ヶ月前にも、哀れなイタリア人の紳士が、このようにして足を折られて、広場中の人たちの笑いを買い、彼らを喜ばせました。その後、管轄の司法官がこのことを調べましたが、このようなことが広場で起きたといういかなる証拠も見つからなかったのです。ですから、もしもあなたが家を出ようとするときには、緊急の用事がある時だけにして、市内を散歩するつもりで出かけないように注意しなさい。そして、聖なる十字を切り、火縄銃にも耐え得る忍耐の鎧で武装し、より悪しき不正を蒙ることがないように、小さな不正に悠然と耐える心構えをしなさい。賢明に振る舞いなさい。そして、あなたの相手は一人でもなく、二人でもなく、五十人でもなく、各人の命さえをも(正当な理由においてであれ、不当な理由においてであれ)危険にさらす、俗衆的な共和国と祖国全体であるということを考えなさい。それゆえに、兄弟よ、あなたがこのような目に会ったときには、仲間や友人に会ったかのように、帽子を手にして、あなたの敵に挨拶をしなさい。もしもひどい目に会ったときには、赦しを請いなさい。そうしないと、敵は、あなたが彼を押した、あるいは押そうとしたと言いがかりをつけて、あなたを挑発し、あなたをもっとひどい目に会わせることになるでしょう。

さて、これらの輩を知るのに最上の時と機会を提供したのが、この晩なのです。ノラの人が言うには、十ヶ月にわたる彼のイギリス滞在の中で、この晩ほど、彼に悔悛と赦しのご利益を与えてくれた時はなかった、とのことです。この晩は、彼にとっては、四旬節〔キリストの荒野での断食を記念した、聖灰日から復活祭の前日までの、日曜日を除く、四十日間の大斎と悔悛の時期〕の初めであり、中間であり、終わりであるにふさわしいものだったのです。彼は言いました。「四十日間昼夜にわたる断食による悔悛と同じご利益がこの晩にあって欲しいものです。この晩、わたしは、一つや三つではなく四十もの試練を通じて、四万年にも足りるだけの赦しを得たのです。

プルデンツィオ　〈もしも同意が得られるならばね。〉

テオフィロ　ですから、わたしは、自信を持って、いままで犯した罪だけでなくこれから犯す罪の赦しも得たと信じているのです。

プルデンツィオ　〈法外な要求だ。〉

フルッラ　彼が、あなたの評価では四十にも及ぶ暴行と殴打を、勘定していたか知りたいものです。マンフリオ先生(66)のことを思い出します。彼が悪党たちから受けた殴打は数えきれないほどだったのです。

テオフィロ　彼は、自分が多くの殴打を受けることを知っていたならば、それを数えようと思ったことでしょう。しかし、彼は、どの殴打も最後のものだと考えたのです。実際、それは、それに先行する殴打と比べた場合、最後のものだったのですが。殴打が四十だったと彼が言うならば、彼はある敬虔な罪人のように振る舞っているのです。この罪人は、「〈幾度〉」つまり「何回」という聴罪司祭の質問に答えなければならないとき、正確な数を思い出せずに、少なめよりもむしろ多めに数を言ったのです。そのわけは、彼は、多めよりも少なめに言うことで、いくつかの罪が赦しを与える司祭の手中に留まらず、外に残ったままになることを危惧したからです。ついでに言うと、これらの殴打や暴行を受けることは、その数を数える楽しみとは、別口のものなのです。というのも、体は殴打を受けるたびに苦痛を感じますが、口からは、「二回」どころか、「十二回」「四十回」「百回」「千回」という言葉がたやすく発せられるからです。しかし、回数についてはこれくらいにしておきましょう。わたしが数えることができたのは、わたしが受けた殴打であって、彼が受けたものではないのですから。悪路で仲間を先に行かせる人の習いで、彼は後方にいたのですが、それは間違っていました。というのも、われわれは、向こうから来る人たちによって前から殴られるのと同じほど、後ろから続く人たちによって後ろから殴られるはめになったからです。とはいえ、彼は、被害を最小限にとどめようとして、修道士の後に続く修道院長のように振る舞いました。あるいは戦に赴く者が(実際、そのときは槍衾の攻撃を受けているような気がしていました)戦列を作るときのように振る舞いました。つまり、彼は、われわれを盾にして、良き将軍のように振る舞ったのです。良き将軍とは、自分の死によって部隊が全滅するのを避けようとして、後方の安全な場所で守られており、必要に迫られて、援軍に命令するため、あるいは不名誉な敗戦の使者となるためにしかそこから出てこないのです。このような隊列で歩いていたために、彼はわれわれの目に入ることはありませんでした。われわれ自身もまた、自分たちのことで手一杯で、後ろを振り向く余裕はなかったのです。

プルデンツィオ　〈最善の策だ。〉

テオフィロ　さて、われわれが宮殿(67)の近くのピラミッドで、三つの道の真ん中にいると……

プルデンツィオ　〈三叉路にて。〉

テオフィロ　ランプを下げた少年を先頭にした六人の紳士がわれわれに出くわしました。彼らの一人にぶつかられて後ろを振り向いたはずみに、わたしは、別の男がノラの人にその倍の勢いでぶつかるのを見ました。そのぶつかり方といったらじつに優美で重厚なものであり、そのうちの一つだけでも十に価するものでした。おまけに、彼を壁へと突き飛ばしたもう一つの打撃もまた、十の打撃に価するものだったのです。

プルデンツィオ　〈沈黙と希望の中に、あなたたちの力がある。もしも誰かがあなたを打つならば、彼に仕返しをしなさい(68)。〉

テオフィロ　これが最後の嵐でした。その少し後に、聖フォルトゥニオのご加護によって、悪路を踏破し、迷路を通り、急流を渡り、砂岸を後にし、泥土を克服し、汚濁した沼の中を通り抜け、溶岩性の岩の中を歩み、野獣に出くわし、滑りやすい道を進み、ごつごつした岩に足を取られ、危険な岩壁にぶつかった後に、われわれは、天のご加護によって、港《ポルト》に、〈すなわち〉扉《ポルタ》にたどり着いたのです。その扉は、われわれがたたくと、すぐに開きました。われわれが中に入ると、そこには多様な多くの人物と多くの多様な召使いがいました。彼らは、止まることもせず、頭も下げず、われわれに一片の敬意を示すこともなく、いかにもわれわれを馬鹿にした態度で、寛大にも、われわれに部屋の扉を示してくれたのです。われわれがそれを通り、階段を上ると、そこでは人々がわれわれを待ちあぐねて、途方に暮れて、食卓を囲んでいました。われわれは挨拶を交わしました……

プルデンツィオ　目礼。

テオフィロ　そして他にいくつかの小さな儀式が行われました。〈その中で笑いを誘ったのは、われわれの仲間の一人に末席、〈すなわち〉食卓の最後の席が与えられたとき、彼はそれを上席と思い込み、謙遜心から上席に座りに行こうとしたことです。その際に、丁重にも彼を末席に座らせようとする人たちと謙遜心から上席に座ろうとする彼との間に小さないざこざが起きたのです。〉しかし、最後には、フロリオ氏がある騎士の向かいに、ファルク氏がフロリオ氏の右に、わたしとノラの人がフロリオ氏の左に、トルクアート博士がノラの人の左に、ヌンディニオ博士がノラの人の向かいに座りました。

スミス　それでは彼らに食事をさせ、明日まで休ませましょう。

フルッラ　きっと彼らは、歩いた歩数ほど食べ物を口にすることはないでしょう。

スミス　言葉は後で補うことにしましょう。さようなら。

テオフィロ　さようなら。

プルデンツィオ　〈さらば。〉

第三対話

テオフィロ　さて、ヌンディニオ博士は、腰を落ち着け、背中を少し動かし、手を食卓の上に置き、すこし〈周辺を〉見回し、舌を口の中で動かし、目を天へと向け、口に微笑を浮かべ、一度つばを吐いた後で、以下のように話を始めました。

プルデンツィオ　〈以下の言葉と以下の考えを語った。〉

ヌンディニオの第一の主張

テオフィロ　〈我が言を解するや〉と。そして、ノラの人が英語を理解するか聞いたのです。ノラの人は、正直に、「いいえ」と言いました。

フルッラ　彼にとっては、そのほうがよいでしょう。英語を理解すると言った場合、不快で無礼なことを聞くことのほうが、その反対の場合よりも多いでしょうから。耳を塞ぐことを選択できない場合には、耳が聞こえないふりをすることがたいへん役に立つのです。けれども、彼はきっと英語がわかると思います。しかし、多くの非礼な人たちとの出会いを極力避け、彼の前に姿を現す人たちの慣習についての考察を深めるために、彼は英語を理解しないふりをしているのです。

プルデンツィオ　〈口が不自由な人の中には、生まれながらの人もいれば、事故による人もいれば、理性的な意志による人もいる。〉

テオフィロ　このことは彼には当てはまりません。彼は一年近くこの国にいましたが、もっとも一般的な言葉を二三わかるにすぎないからです。彼はこれらの言葉が挨拶であることは知っていますが、その詳しい意味は知っていません。そして、それらの言葉の一つとして発音できないのです。

スミス　彼がわれわれの言語を理解しようとしないのは、どういうことでしょうか。

テオフィロ　彼を強制したり、その気にさせたりするものがないからです。彼の話し相手である名誉ある紳士たちはすべて、ラテン語かフランス語かスペイン語かイタリア語を話すことができます。これらの人たちは、英語はこの島の中でしか使われないことを知っており、母国語以外の言葉を知らないことを野蛮なこととみなしているのです。

スミス　このことはすべての人に当てはまります。一つの言語しか話せないということは、生まれの良いイギリス人にとってだけでなく、他のいかなる民族にとっても不名誉なことなのです。もっとも、イギリスには（イタリアやフランスも同様ですが）このような状態の多くの紳士がおり、その国の言葉を知らない者は、通訳や通訳される人に面倒をかけることなしには彼らと話すことができないのです。

テオフィロ　たしかに多くの紳士は、生まれによってしか紳士でないのです。彼らのためにも、またわれわれのためにも、彼らを知己にならないほうがよいのです。

ヌンディニオの第二の主張

スミス　ヌンディニオ博士の話の続きを聞かせてください。

テオフィロ　彼はラテン語でこう言いました。「われわれの話をあなたに説明するとしましょう。どうやらコペルニクスは、地球が動くという見解を持っていなかったようです。というのも、それは不都合で不可能だからです。むしろ彼が第八天にではなく地球に運動を付与したのは、そのほうが計算に便利だったからです。」それに対してノラの人は言いました。「もしも地球が動くというコペルニクスの発言が唯一この理由のみによるものであり、他の理由を持たないとしたならば、このことに関する彼の理解は浅薄であったと言わざるを得ないでしょう。しかし、実際には、コペルニクスは自分が言ったことの内容を理解し、それを証明することに尽力したに違いありません。」

スミス　なんで彼らは、軽率にも、コペルニクスの文によって立証することができない考えを、コペルニクスの見解とみなすのでしょう。

テオフィロ　この発言の生みの親は、トルクアート博士なのです。彼は、おそらくコペルニクスの著作を読破したと思われます。それにもかかわらず、彼が覚えているのは、著者名、書名、刊行者名、刊行された場所、年、ページ数だけです。それに加えて、彼は、文法に無知ではないので、ある無知で傲慢な輩によって付け加えられた冒頭の書簡を理解したのです[69]。この男は、（弁明することで著者の肩を持とうとしてか、あるいは他のロバたちが、この本の中に野菜や果物を見つけて、空腹のまま立ち去らずにすむためにか）読者が本を読みその見解を考察する前に、以下のような助言をしたのです。「地球が動き、太陽が宇宙の中心で静止しているという、この著作の新しい主張の噂はすでに広がっている。それゆえに、わたしは、幾人かの教養人が（「幾人か」とはよく言ったものです。もちろん彼もその中に含まれているのです。）長きにわたって見事に秩序づけられてきた自由学芸に混乱をもたらす原理をこの主張の中に認めて、強く気分を害するのではないかと危惧している。しかし、もしも彼らが事柄をより良く考察するならば、この著者が非難に価しないということを見いだすだろう。というのも、天文学者の本業とは、天体の運動の歴史を入念かつ周到に集めることだからである。そして、その後でこれらの運動の真の原因をいかなる方法によっても見いだすことができない場合には、幾何学的原理を使ってこれらの原因を意のままに作り上げることが、天文学者には許されている。実際、これらの幾何学的原理は、過去と未来にわたって天体の運動を計算するのに有効なのだ。それゆえに、仮説は真であるどころか、真に近い必要さえないのだ。この人の仮説は、このようなものとみなされるべきなのだ。このように考えないのは、光学と幾何学に関して無知蒙昧な人間だけである。この種の人間は、金星が太陽から（一方のあるいは他方の側へと）遠ざかるときに獲得する四十度以上の距離は、周天円におけるその運動から引き起こされると信じている。しかし、もしもこのことが真であったとしたら、あらゆる経験に反した帰結が生じることは一目瞭然である。すなわち、金星が遠地点の反対のもっとも近い場所にあるときとそれが遠地点と言われるもっとも遠い場所にあるときとでは、直径において四倍、体積において十六倍の大きさの違いが生じるという、経験に反した帰結が生じることになるのだ。これに劣らず不都合な仮説は他にもいくつもあるが、それらに言及する必要はない。」――そして、最後に彼は以下の結論に至るのです。「それゆえに、われわれがこれらの仮説の宝を採用するのは、それらが驚くほど巧妙なしかたで計算を容易にするからであり、それ以上であってはならない。実際、もしも誰かがこれらの虚構を事実とみなした場合には、その人はこの学識を学ぶ前よりももっと愚かな人間になるのである。」まったくもって、たいした門番ですね。それなしには算数や測量や幾何学や遠近法の知識が狂った才人の暇つぶしになってしまう、あの栄誉ある認識の中へと通じる扉を、彼はなんとまあ見事に開いていることでしょう。家の主人になんと忠実に仕えていることでしょう。

しかし、コペルニクスは、「地球は動く」と言うだけで満足していませんでした。彼は、教皇への書簡(70)の中で、このことを再度主張し、確認したのです。彼はそこで、哲学者の見解は俗衆の見解とは懸絶していると言っています。俗衆の見解は、真理と正道に真っ向から対立しているので、追従するに値せず、忌避するに値するものなのです。この考えについての、他の多くの明白な証拠も、彼は提示しています。もっとも、書簡の末尾においては、彼は、この哲学を理解する人と単なる数学者のどちらをも考慮しつつ、「もしもこのような仮説が明白な不都合ゆえに気に入らないとしても、古代人がしたよりもより確実な証明をするために、地球の運動を措定する自由を彼に与えて欲しい。古代人も、星々の現象を証明するために、多くの種類の円のモデルを自由に作り出していたのだから。」と言っています。コペルニクスが自分の考えを疑っていると、これらの言葉から結論づけてはいけません。実際、彼は自分の考えを常に主張したし、また(『天球の回転について』の)第一巻で敵対者のいくつかの議論に対して――地球の運動を仮定する数学者としてだけではなく、それを証明する自然学者として――じゅうぶんな回答を出すことになるのです。

とはいえ、コペルニクスやシラクサ生まれのピュタゴラス主義者ニケタスやフィロラオスやポントスのヘラクレイデスやピュタゴラス主義者エクファンテスや『ティマイオス』におけるプラトン(科学としてではなく憶測としての、腰が引けた議論ですが)や『学識ある無知』第二巻における神のようなクザーヌスやその他のあらゆる点において希有な人たちがこのことを先に言い、教え、確証したとしても、それはノラの人にとってさして重要ではないのです。なぜならば、彼の主張は、彼自身の、より堅固な、別の原理に基づいているからです。これらの原理のお蔭で、権威ではなく生きた感覚と理性によって、彼の主張は、すべての確実なものに劣らぬほど確実なのです。

スミス　この点については、納得できます。しかし、コペルニクスのこの門番が持ち出す議論について、どうか教えてください。金星が距離と同じ割合でじつに様々に大きさを変えるという主張は、なぜ彼にとって(真ではないにしても)真に近いものなのでしょうか。

テオフィロ　この狂人は、コペルニクスの理論について愚かな見解を持つ人たちが出るのを恐れて、彼自身が愚かな見解を熱心に主張するはめになったのです。これ以上に不都合な主張は、しようと思ってもなかなかできないでしょう。彼は、その主張をじつに厳粛に行うことによって、それに疑念を持つことは光学と幾何学に無知蒙昧な人間のすることだと断定したのです。この獣が理解する光学と幾何学とは、いったいぜんたい、いかなるものだったのでしょうか。彼を見れば、彼と彼の先生たちが真の光学と幾何学にどれほど無知だったかわかるというのに。どのようにして物体の大きさからその近さや遠さを理論的に推定することができるのか、知りたいものです。また、その反対に、同様の物体の距離や近さから大きさの何らかの比例的な多様性を推定できるかも、知りたいものです。遠近法と光学のいかなる原理によって、〔物体の〕直径の変化からその正しい距離ないし遠近関係をはっきりと結論づけることができるのか、知りたいものです。われわれの以下の結論が間違っているのか、理解したいものです。

〔テオフィロの主張〕

　輝く物体の量の外見から、その実際の大きさや距離を推定することはできません。というのも、暗い物体と輝く物体の間には、それらの大きさや距離を判断するための同一の法則が存在しないように、光度の低い物体と光度の高い物体と最高の光度の物体の間にも同一の法則は存在しないからです。人間の頭は二マイル離れては見ることができません。それよりももっと小さいランプや、それに類する点火されたものは、六十マイル離れていてもたいした違いなしに〔違いは存在するとしても〕見ることができます。実際、イオニア海によって二つの国が大きく離れているにもかかわらず、プリアのオトラントからアヴェロナの灯台を見ることができるのです。感覚と理性を持つ者なら誰でもわかることですが、七十マイル離れて見えるランプは、その光度が二倍になったときには、それが大きさを変えなければ、百四十マイル離れて見ることができ、その光度が三倍になったときには二百十マイル離れて、その光度が四倍になったときには二百八十マイル離れて、そして同様に光度が増すに連れてより遠く離れて見ることができるのです。というのも、輝く物体が同一の直径と大きさを保っているということは、その物体の量によってではなく、その光の質と強度によるものだからです。賢明な光学者と注意深い遠近法学者よ、それでもあなたたちは以下のように〔不条理にも〕考えるというのですか。つまり、もしもわたしが百スタディオ離れて見る明かりが直径四ディータ〔約二寸〕ならば、五十スタディオ離れたときには〔その光度に関係なく〕直径八ディータになり、二十五スタディオ離れたときには十六ディータに、十二・五スタディオ離れたときには三十二ディータにといった具合になっていき、そのすぐ近くに来たときに、あなたが考えているもとの大きさに戻ると。

スミス　それでは、あなたの話にしたがえば、たとえエフェソスのヘラクレイトスの見解が誤謬であったとしても、それを幾何学的な理論によって反駁することは不可能なのですね。この人は、太陽の大きさはそれが目に映る大きさと同じであると言ったのです。エピクロスもこの見解に同意しているということは、ディオゲネス・ラエルティオスによって言及された彼の「ソフォクレスへの書簡」と『自然について』の第十一巻を見れば明らかです(71)。彼が言うには、彼が判断できるかぎりでは「太陽や月や他の星々の大きさは、それらがわれわれの感覚に現れる大きさと同じである」。「なぜならば」と彼は言います、「もしもそれらが距離によって大きさを失うとしたら、それらが色を失うということはもっと理にかなっているからだ」。「明らかに」と彼は言います、「われわれは、これらの明かりについて、われわれの身近にある明かりとは別のしかたで判断するべきではないのだ」。

プルデンツィオ エピクレス主義者のルクレティウスも『事物の本質について』第五巻でこのことを証言している。

太陽の輪とその火はわたしたちの感覚に
うつるよりも、けっして大きくもなければ小さくもない。
なぜなら、どんな距離からでも火が光を放射し
あつい熱をわたしたちの体に吹きつけることのできるかぎり
その距離によってその炎を少しも減じはしないし、
その大きさも少しも小さくはならないのだから。
月が、あるいは借りものの光であたりをてらしながら進み、
あるいは己自身からその光を放出しようとも、
そのいずれであろうとも、わたしたちの目にうつるよりも

より大きな形のものではけっしてないと思われる。
最後にここから見えるアイテールの火についても同様である。
地上で見える火はそのゆらめきが明るく見え、
その炎が見えるかぎり、遠ざかるにつれて、
時おりごくわずかその輪郭を、
大きくあるいは小さく変ずるだけなのだから、
アイテールの火もごくわずか小さいか
またはごく少し大きいに違いない(72)。

テオフィロ おっしゃるとおり、遠近法の研究者や幾何学者(コペルニクスの本のあの門番のような狂人ではなく、もっと賢明な人たちのことですが)は、彼らに固有の通常の議論によってはエピクロス学派に太刀打ちすることはできないのです。ですから、彼らがどのようにしたら金星の周点円の直径と同じ距離から、この惑星の直径やそれに類した他のことを推論することができるか、考えてみるとしましょう。その前に、もうひとつ別のことにも注意してください。地球という物体がどれほど大きいかおわかりですか。人工の視野の範囲でしかそれを見ることができないことを知っていますか。

スミス はい。

テオフィロ　それでは、もしも地球から離れてエーテルの領域のどこか任意の場所に立つことができたならば、地球がもっと大きく見えるということはあるでしょうか。

スミス　ないでしょう。というのも、わたしの視線がもっと強くなり、地平線の直径を測る視野が広がるという理屈はないのですから。

テオフィロ　見事な判断ですね。しかし、離れるにつれて〔もともとの〕視野が小さくなると考える余地はあります。そして、視野のこの縮小とともに、視野にもともと収めることができなかったもののはっきりしない姿が徐々に見えるようになるということに注意してください。**図1**をご覧ください。人工の視野1‐1には地球の弧A‐Aが対応します。〔もともとの〕視野が最初に縮小した2‐2には地球の弧B‐Bが、二番目[73]に縮小した3‐3には弧C‐Cが、三番目に縮小した4‐4には弧D‐Dが対応します。このようにして、視野が縮小するにつれて弧の範囲はつねに増し、半球やその外までも含むに至るのです。われわれがこのような距離ないしその周辺に置かれたとき、われわれに見える地球は月と同じ特徴を持つことになるでしょう。すなわち、表面が水であるか土であるかに応じて、明るい部分と暗い部分を持つことになるでしょう。したがって、視る角度が狭まるにつれて、その底辺に含まれる半球の弧は大きくなり、視野はより小さく見えるのです。（「視野《オリゾンテ》」は慣例上ひとつしか固有の意味は持ちませんが、われわれはここでもあえてその名を使うことにします。）ですから、われわれが遠く離れるにつれて、半球と明かりの範囲が増大します。そして、半径が小さくなるにつれて、それらはより凝縮されます。その結果、もしもわれわれが月からもっと離れた場所にいたならば、月の斑点はもっと小さくなり、月は単に光っているだけの小さな物体に見えることでしょう。

スミス　お蔭で、非凡で重要なことを理解することができました。しかし、ヘラクレイトスとエピクロスの見解に戻るとしましょう。あなたは、この見解が遠近法の議論にじゅうぶんに抗することができると言いましたね。というのも、この〔遠近法の〕学問の原理には欠陥があるからです。そこで、彼らの見解の欠陥を明るみに出し、あなたの発見の成果を見るために、「太陽は

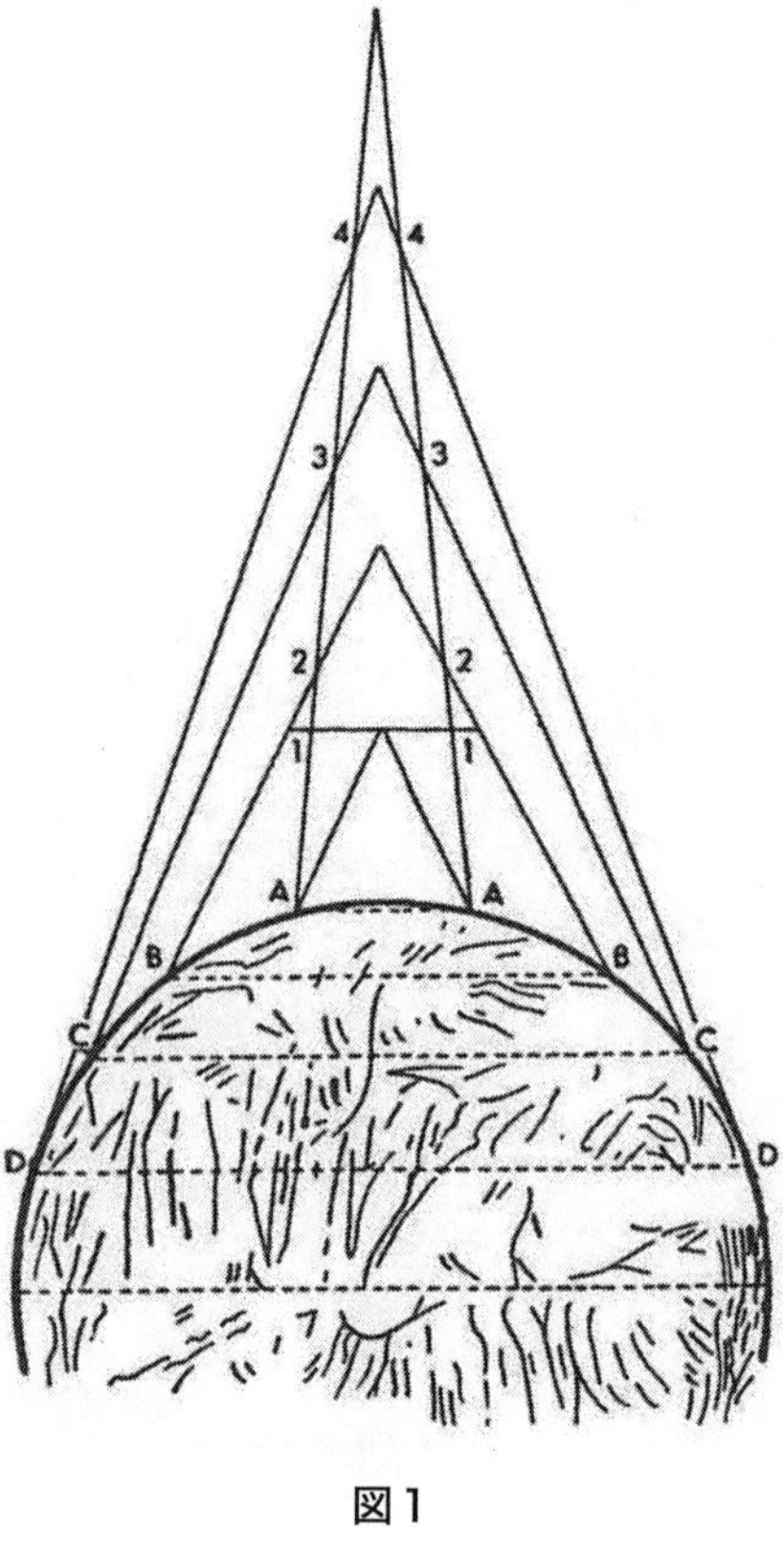

図1

大きいだけでなく、地球よりももっと大きい」ということをはっきりと証明する議論をわたしは解明したいのです。この議論の立脚点は以下のごとくです。輝く大きい物体が暗く小さい物体に明かりを投げかけるとき、円錐形の影が生じます。この影は、暗い物体を基線とし、〔輝く物体とは〕反対の方角に円錐を作るのです。次の図〔図2〕をご覧ください。輝く物体Mは、HIによって限定されたCの基線から、円錐形の影をN点まで放ちます。それに対して、輝く小さい物体が暗く大きい物体から円錐形の影を作るときには、その基線を適切に示し得る場所を特定できず、無限の円錐形を作るように見えます。同じ図をご覧ください。輝く物体Aは、暗い物体Cから始まる円錐形の影を投影しますが、その際にC‐DとC‐Eの二つの線を発します。そして、これらの線は、円錐形の影をつねに拡大し続け、最後に基線に至るよりもむしろ無限に延びて行くのです。この考察の結論は、太陽は地球よりも大きい物体であるということです。というのも、太陽

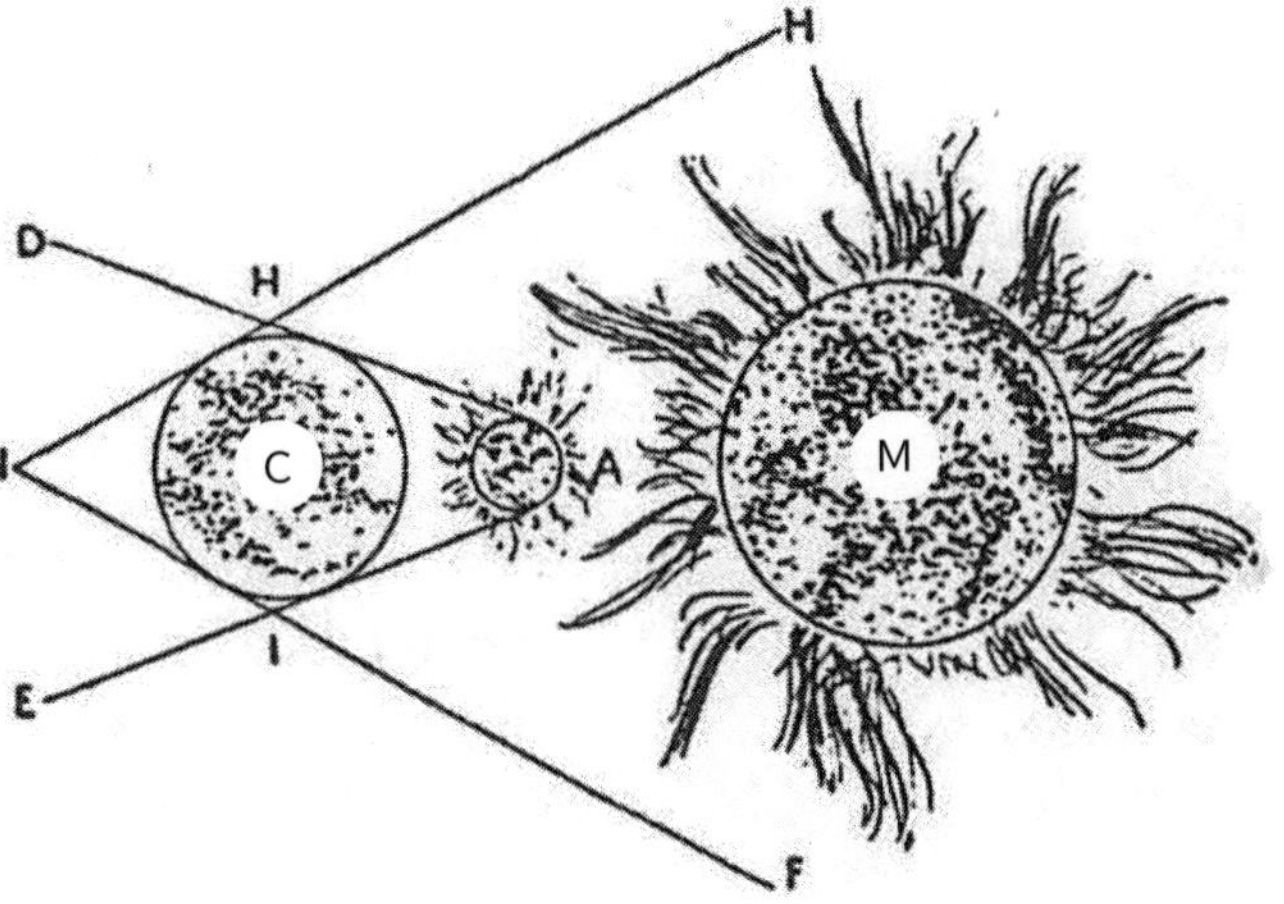

図2

は地球の影から成る円錐形を水星の圏域まで放ち、それ以上は放たないからです。しかし、もしも太陽が地球より小さい輝く物体だとしたら、それとは別の判断を下さなければならないでしょう。その場合、この光り輝く物体が南半球にあるときには、（すべての星々はそれから明かりを受け取ると仮定すると）われわれの〔北半球の〕天には明るい部分よりも暗い部分のほうが多くなるという奇妙なことになるでしょう。

〔テオフィロ〕それでは、輝く小さな物体が暗く大きな物体の半分以上を照らすのを見てください。経験によって知っていることに留意してください。二つの物体があると仮定しましょう。そのうちの一つAは暗く大きく、もう一つBは小さく輝くものだとしましょう。もしも輝く物体が、次の図〔**図3**〕が示すように、〔暗い物体から〕最短の距離にあるときには、それは線分B1に沿った小さな弧C‐Dの割合で照らすでしょう。もしも二番目のより大きな距離に置かれたときには、線分B2に沿ったより大きな弧E‐Fの割合で照らすでしょう。もしも三番目のさらに大きな距離にあるときには、線分B3に沿ったさらに大きな弧G‐Hの割合で照らすでしょう。そこから以下の結論が引き出されます。すなわち、輝く物体Bは――同様の効果に必要とされる空間に浸透するだけの光度を保持しているかぎりは――たいそう遠く離れたときには、ついには〔暗い物体の〕半円よりも大きな弧を含む〔照らし出す〕ことができるのです。その理由は、ある距離において輝く物体が〔暗い物体の〕半円を含む〔照らし出す〕ならば、その距離がさらに離れた場合、より多くを含む〔照らし出す〕ことになるのを否定する根拠がないからです(74)。さらに以下の点を付言することができます。輝く物体は多大の時間と困難を伴ってしかその直径を失わないが、暗い物体は（それがいかに大きなものであれ）一気呵成にその直径を失う〔見えなくなる〕と仮定しましょう。そのうえで、距離が離れるにつれて、小さな弦C‐Dからより大きな弦E‐Fへ、そしてさらに半径である最大の弦G‐Hへと区切られていくと仮定しましょう。このように距離がますます離れていくと、（間に置かれた暗い物体が正反対の位置にある二つの物体の相互の視界を妨げることになるまでは）直径を越えて別のより小さな弦が区切られることになるでしょう。そのわけは、角N[75]が鋭くなればなるほど、直径から生じる障害は、直径とともにどんどん減少するからです。その結果、角は、最後には、もはや角ではなく線になるほど鋭くならざるをえないのです。（というのも、有限な物体の物理

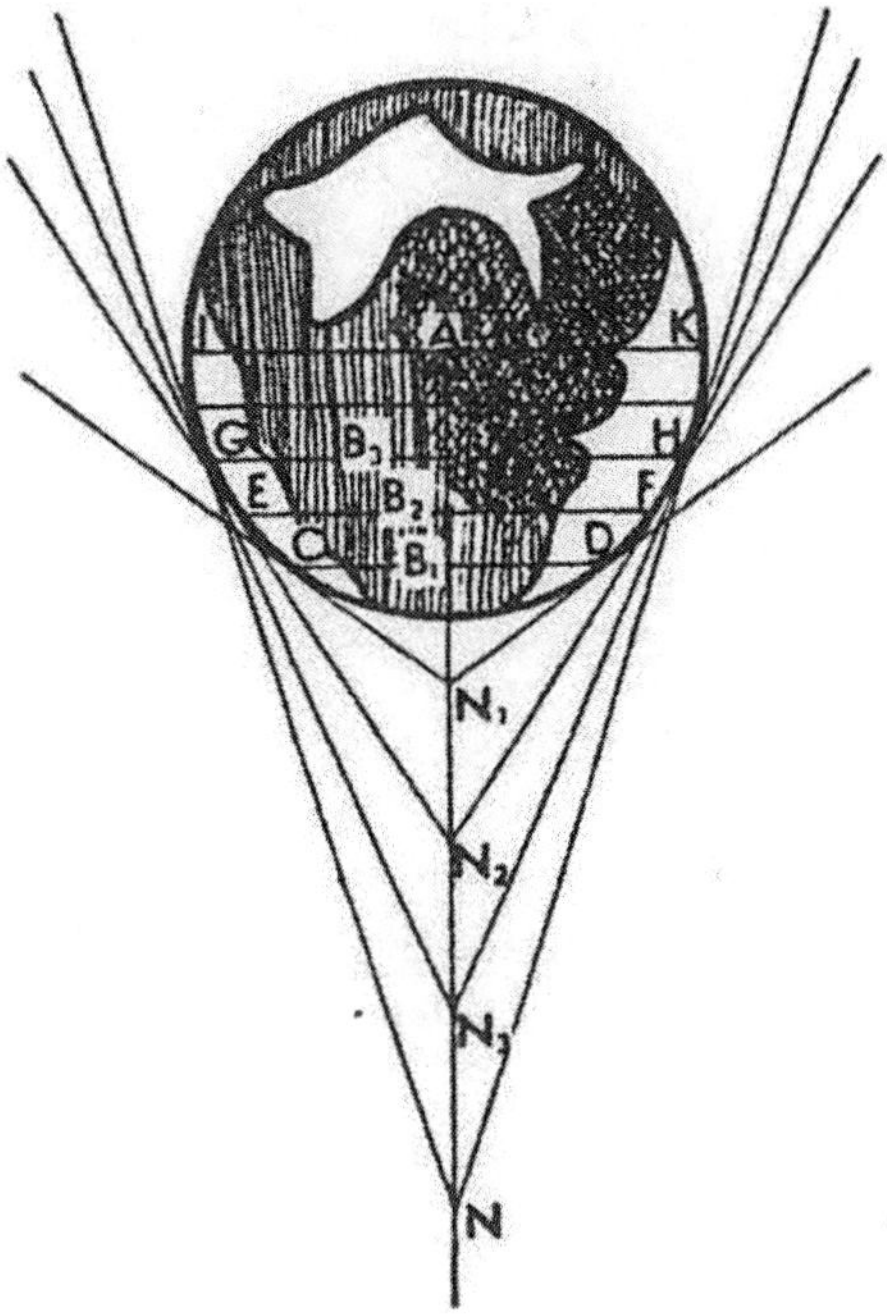

図3

的な分割において、現実態においても可能態においても、無限への進行を信じるのは、狂気の沙汰だからです。）そして、この線を通じて、向かい合った二つの可視的な物体は、間に入るものによっていかなる点においても妨害されることなしに、互いの視界に入るのです。というのも、間に入るものは、（輝く物体においては残存している）直径のすべての均衡と差異を失っているからです。とはいえ、間に入る暗い物体がその直径の均衡と差異を失うためには、二つの物体のどちらとも大きく離れていることが必要です。このことは、地球において観察できます。その直径は、正反対にある二つの星のどちらもが見えるのを妨げません。ですから、目は、半球の中心Nからも、かつまた円周ANOの諸々の地点からも、まったく同じようにどちらの星をも見ることができるのです。（透視線がしかるべき場所を占めるように、地球は中心によって二つの等しい部分に分けられると考える必要があります。）このことは、次の図（**図4**）において明らかになります。線A‐Oは直径であり、円周と直角〔A‐N1‐O〕を形成しています。二番目の場所〔N2〕では、角は鋭くなります。三番目の場所〔N3〕では、角はさらに鋭くなります。そして、最終的には〔K〕で、角はもっとも鋭くなり、もはや角ではなく、

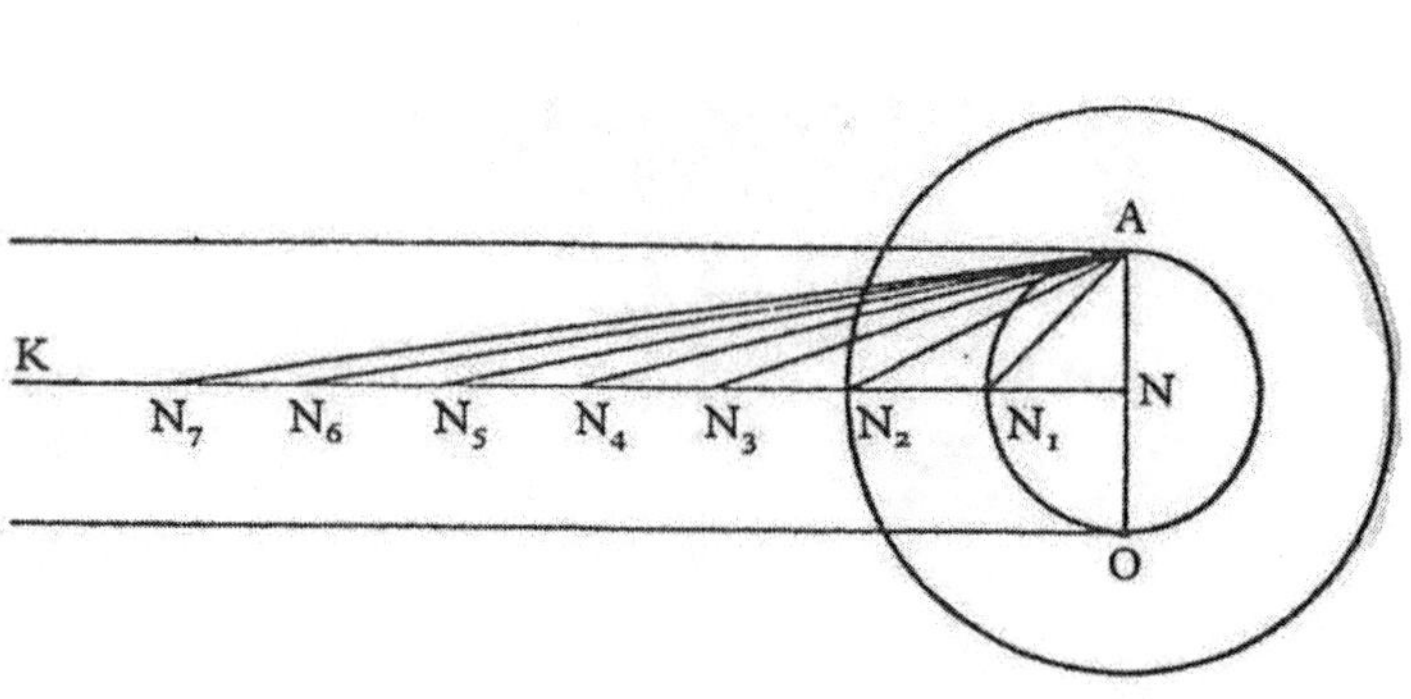

図4

線と見えるようになります。その結果、半径の関係と差異は破棄され、同じ理由によって、直径A‐Oの差異も破棄されるのです。その結果、必然的に、直径をすぐに失うことがない比較的輝きの強い二つの物体は、何の障害もなく、互いに見られるようになるでしょう。というのも、両者の間にある、輝かない、あるいは輝きが少ない物体の直径ほどには、両者の直径は消滅することがないからです。

そこで次の結論が出ます。すなわち、直径を失いやすい大きな物体が直線上の真ん中にあるとしても、二つの小さな物体が大きな物体では失われた視覚上の直径を保持しているかぎり、それらがいかに小さくとも大きな物体によって視野が妨げられることはないのです。あまり賢くない精神を陶冶して、前述の推論をたやすく理解させ、できるかぎり簡単にわかるようにさせるために、以下の実験をしてください。木片を目の近くに置くと、ある距離に置かれたロウソクの明かりを見ることが妨げられます。この明かりに対して木片が近づき、それが目から離れるにつれて、見ることは次第に妨げられなくなります。そしてついに木片が（最初に目の間近にあったのと同じように）明かりの間近に来ると、木片の大きさの分しか見ることは妨げられなくなります。さらに、木片をそこに残して、明かりを同じ距離に遠ざけると、木片がますます見ることを妨げなくなります。このようにして、目と明かりから木片を等距離にして両者の間隔を増すにつれて、最後には木片はいっさい感覚されることなく、あなたは明かりを見ることになるでしょう。このことを考慮するならば、いかに粗野な精神の持ち主といえども、少し前に言ったことをたやすく理解できるようになるでしょう。

スミス　この点に関しては、まったく満足しています。とはいえ、最初におっしゃったことに関しては、いまだに心が混乱しています。もしもわれわれが地球から上昇し、水平線の直径が次第に小さくなり、やがて水平線が見えなくなると、そのときにはこの物体は星に見えると、おっしゃいましたね。あなたは多くのことをおっしゃられましたが、このことについて何か付言していただきたいものです。というのも、地球に類似した多くの、それどころか無数の、星々が存在するとあなたは考えておられるのですから。さらに、わたしの記憶では、あなたと見解をともにするクザーヌスが「地球や月と同じように、太陽にも異なった部分がある」と書いているのを見た気がします[76]。それゆえに、彼が言うには、もしもわれわれがこの物体を注意深く見れば、その輝き（それはとりわけ周辺において輝いているのですが）の真ん中に黒点があるのがよくわかるのです。

テオフィロ　彼が神のように語り理解したことを、あなたは見事に用いましたね。そういえば、わたしも少し前に次のように言ったはずです。すなわち、（暗い物体は容易に直径を失い、輝く物体はなかなか直径を失わないので）遠く離れた場合、暗い物体は姿を消し、（透明体にあるいはその他のしかたで）輝く物体は一つに見えるようになるのです。そして、分散した輝く部分から一つの、目に見える、連続的な光が形成されるのです。ですから、もしも月が遠くにあったならば、日食を引き起こすことはなかったでしょう。そして、これらの事柄について考察することができる人ならば誰でも、月は遠ざかれば遠ざかるほど明るくなる、ということを理解できるでしょう。他方で、もしもわれわれが月にいたならば、月はわれわれの目に輝くことはないでしょう。それはちょうど、地球にいるわれわれにとって、（月にいる人の上に照らされる）地球の明かりが見えないようなものです。地球の明かりは、太陽の光線が〔月の〕透明な水晶に拡散することによって生じる明かりよりも、おそらくより大きなものでしょう。太陽に固有の光については、それが同じようなしかたによるものか、あるいは別のしかたによるものかは、いまは判断しかねません。閑話休題。別のテーマに移るとしましょう。

スミス　彼〔ヌンディニオ〕が投げかけた別の議論を聞くことにしましょう。

ヌンディニオの第三の主張

テオフィロ　さらにヌンディニオは、「地球が動くということは真実とは思えない」と言いました。というのも、彼の考えでは、地球は宇宙の中央にして中心にあり、すべての運動の固定された恒常的な基盤でなければならないからです。それに対して、ノラの人は、「太陽が宇宙の中心にあり、それゆえに不動で固定されている」と考える人（それはコペルニクスであり、宇宙の周りに限界を置く他の多くの人たちでもあるのですが）も同じことを言っているのだ、と言いました。したがって、ノラの人によれば、ヌンディニオの理論は、（それが理論と言えるとして）コペルニクスたちに対して効力を持たず、論点を先取りしているにすぎないのです。さらに、彼の理論は、ノラの人に対しても効力を持ちません。というのも、ノラの人の考えでは、宇宙は無限であり、その中にあるいかなる物体についても、それが中央や端や両者の間にあると単純に言うことはできないからです。われわれが言えるのはせいぜい、物体が他の物体や意図的に措定された限界に対して関連づけられるということなのです(77)。

スミス　このことについて、どうお考えですか。

テオフィロ　じつに見事な発言だと思います。というのも、いかなる自然の物体も端的に丸く、それゆえに端的に中心を持つと言えないように、われわれが自然の物体において感覚的かつ物理的に見るいかなる運動も、何らかの中心を回る端的に円く規則的な運動とはほど遠いのです。それにもかかわらず、多くの人たちは、不等な球や多様な直径の隙間を埋めようと詰め物をし、自然を治療しようとその他の膏肓《こうこう》や処方箋を用いることで、アリストテレスやその他の先生の僕《しもべ》となり、中心を回るすべての運動は持続的で規則的であると結論づけているのです。しかし、われわれは空想的な影ではなく、事柄それ自体を観察することにしましょう。われわれが見るのは、空気やエーテルや霊気《スピリトゥス》や液体から成る物体です。この物体は、運動と静止を包摂する、無窮にして無限の（感覚的にも理性的にもいかなる終焉も見ることがない以上、そう言わなければならないでしょう）場所なのです。そして、それが無限の原因と無限の原理に自らの存在を負っている以上、それは、明らかに、（その物体的な能力とそれに固有の存在が許すかぎりにおいて）無限に無限でなければならないのです。そして、「この物体的な宇宙には端がある。その結果、その空間の中に含まれている星々の数は有限である。さらに、この宇宙の中心は自然に決定できる」という主張のいかなる根拠も（たとえ中途半端なものでさえ）、ヌンディニオだけでなく、この問題を理解すると公言している人たちはみな見いだすことができないはずです。

スミス　ヌンディニオは、このことに何か付け加えましたか。以下の点について、彼はなんらかの真実らしい議論を提示しましたか。すなわち、第一に、宇宙が有限であること。第二に、その中心に地球があること。第三に、この中心は、まったく不動であり、場所の移動をしないということについて。

テオフィロ　ろくに考えることなく、自らの行為（それが理性的なものであれ、自然のものであれ）に責任を取ることのない人は、信念と習慣に合致するものを肯定し、不慣れで新しいものを否定するのが常ですが、ヌンディニオも、まるで突然見慣れぬ亡霊を見たかのように茫然としていました。彼は、彼の同僚に比べて、慎み深く、慢心と悪意を持たなかったので、沈黙し、理屈を付け加えることができないことに関して余計な口出しをしませんでした。

フルッラ　タルクアート博士は、そうはいきませんよ。彼は、正しかろうが間違っていようが、神によろうが悪魔によろうが、つねに戦おうとするのです。そして、防御の盾と攻撃の剣を失ったときには、つまりもはや返答も議論もできないときには、怒りに任せて蹴りを入れ、中傷の爪を尖らせ、誹謗の歯を剥き出しにし、喉を大きく開けて叫ぶのです。こうすることによって、彼は、相手が反対の理論を言うことを妨げ、その理論が周りの人たちに聞こえないようにするのです。実際、わたしは彼がそう言うのを聞いたことがあります。

スミス　それでは、ヌンディニオは何も付け加えなかったのですね。

テオフィロ　この点に関しては何も付け加えずに、別の主張をしました。

ヌンディニオの第四の主張

ついでにノラの人は、この地球と似た無数の地球が存在すると言ったのですが、討論に長けたヌンディニオ博士は、このテーマに関して付け加えることがないので、テーマから逸れた質問をしました。そして、地球の運動と不動に関する話から外れて、他の天体の性質について問い、第五元素とみなされている物体がいかなる質料から成っているのかを尋ねました。つまり彼は、星々の濃密な部分を形成する、変容と破壊を知らない質料について尋ねたのです。

フルッラ　わたしには論理学はわかりませんが、この質問は場違いのような気がします。

テオフィロ　ノラの人は、礼節を重んじて、この点に関してヌンディニオを叱責することはしませんでした。そして、ヌンディニオには話の本題に留まり、それについて質問して欲しいと言うにとどめました。そのうえで、彼は次のように答えました。すなわち、地球である他の星々は、種としては、われわれの地球とまったく違わず、大小において違うだけである。それはちょうど、他の種類の生き物においても、違いは個体の差異によって生じるようなものである。しかし、太陽のように火である諸天球においては、熱と冷、あるいはそれ自体において輝くものと他の物を通じて輝くもの、といった種における相違はあると当面考えている。このようにノラの人は答えたのです。

スミス　なぜ彼は「当面考えている」と言い、有無を言わさぬ主張をしなかったのですか。

テオフィロ　ヌンディニオがこの主張に拘泥するあまり、新たに持ち出した質問を放棄するのを、ノラの人は危惧していたのです。地球はひとつの生き物であり、それゆえに異質な部分から成る物体であること。したがって、地球は、そのもっとも外側にある部分が空気の風に冷やされているからといって、冷たい物体とみなされるべきではないこと。他方で、数においても大きさにおいても勝ったその他の〔内部の〕部分ゆえに、たいそう熱いものであると信じられるべきでもないこと。これらのことについては、触れないことにしましょう。また、論争において、（ペリパトス派であると自認し公言している）論敵の原理と（容認されたのではなく証明された）自らの原理の両方を部分的に前提として議論した場合、「地球は、ある種の比較においては、太陽と同じほど熱い」という〔誤った〕結論が出るということも、触れないことにしましょう。

スミス　それは、どういうことですか。

テオフィロ　説明しましょう。先に言ったように、天体の暗く不透明な部分が消滅し、透明で輝く部分がひとつになることによって、つねにもっと遠い領域へとより多くの明かりが拡散することになります。ここで、アリストテレスや他の多くの人たちが、明かりは熱によって引き起こされると主張していることを思い出してください。（実際、彼らは、月やその他の星々も光を分ち持つ度合いに応じて熱くなると考えています。それゆえに、若干の惑星が冷たいと呼ばれるときには、彼らはこのことをある種の比較と観点において捉えようとするのです。）この主張を仮定した場合、地球は、エーテルから成る領域の遠方まで光線を送ることによって、光の力に応じて、同程度の力の熱を伝えることになるわけです。しかし、われわれの考えでは、ある物が輝いているからといって、それが熱いわけではありません。というのも、輝いているが熱くないものは、われわれのまわりにたくさんあるからです。さて、ヌンディニオに話を戻すと、彼は、歯を見せ、顎を広げ、目を細め、眉をひそめ、鼻孔を拡げ、気管支から去勢鶏のように時を作りました。それは、この笑いによって、「よく理解し、分があるのは彼のほうであり、相手の主張は滑稽である」と周囲の人たちに思わせるためです。

フルッラ　実際、彼の笑い方を見れば、相手の言い分のほうが真実であることが一目瞭然でしょう。

テオフィロ　豚に菓子を与える人に起きるのと同じことが起きたのです。彼は、なぜ笑ったのかと聞かれたとき、地球と同じ特質と偶有性を持つ他の諸々の地球があると語り、想像することは、ルキアノスの『本当の話』から取られたのだと答えました。ノラの人は次のように答えました。すなわち、「月はもうひとつの地球であり、地球と同じように住民を持ち、耕作されている」というルキアノスの言葉が「(地球に近いために、地球との類似がわかりやすい月を筆頭として) 数多くの地球がある」と主張する哲学者たちをからかうためのものだったならば、彼は間違っており、他の人たちと同様に無知で盲目だったのです。なぜならば、考察を深めれば、地球や星々と呼ばれる他の物体は宇宙の主要な部分であるということがわかるからです。それらは諸物に生と栄養を与え、諸物はそれらから受け取った素材をいずれそれらに返すのです。したがって、それらは、はるかに多く、自らのうちに生を持っているのです。それらは、この生によって、秩序づけられた自然の意志をもって、内なる原理にしたがって、自らにふさわしい空間を通って、諸物へと運動するのです。そして、別の外部の動者たちが存在し、それらが、空想的な諸々の天球を動かすことによって、天球に釘付けになったこれらの物体を移動させることはありません。実際、もしもこの種の動者が存在したならば、運動は動体の本性から逸脱した強制的なものになり、動者は不完全なものになり、運動と動者は気遣いと労苦に満ちることでしょう。そして、その他にも多くの不都合が生じることでしょう。考えてもみてください。男性は女性へと、女性は男性へと動き、すべての植物と動物は、多かれ少なかれはっきりと、太陽やその他の星々といった、それらの生の原理へと動きます。磁石は鉄へと、藁は琥珀へと動きます。要するに、あらゆるものは、似たものを求め、反対のものから逃避します。これらすべては、内的で充足的な原理から生じ、おのずと為されることになるのです。そして、それらは――自らの本性に反して、あるいはそれから逸脱して、動かされるものに見られるように――外部の原理によって生じることはないのです。したがって、地球とその他の星々は、自らの魂である内的原理によって、様々な場所を移動するのです。

「この魂は感覚的なものだと思いますか」とヌンディニオは言いました。

ノラの人は答えました。「感覚的なだけでなく、知的でもあります。われわれの魂の流儀で知的であるだけでなく、より勝義の意味でも知的なのです。」

ここで、ヌンディニオは黙り込み、もはや笑いはしませんでした。

プルデンツィオ　もしも地球に魂があったならば、その背中に洞窟や穴を掘られたときに不快を感じると思います。それはちょうど、歯を抜かれたり肉を刺されたときに、われわれが苦痛と不快を感じるようなものではないでしょうか。

テオフィロ　ヌンディニオは、このことに気づいていましたが、プルデンツィオさんとは違って、この議論は持ち出すに値しないと考えていました。というのも、彼は以下のことを知らないほど無知蒙昧ではなかったからです。すなわち、地球が感覚を持っているとしても、それはわれわれの感覚に似たものではありません。四肢をもっているとしても、それらはわれわれの四肢に似たものではありません。肉や血や神経や骨や静脈を持っているとしても、それらはわれわれのものに似たものではありません。心臓を持っているとしても、それはわれわれの心臓に似たものではありません。同様に、われわれが生き物と呼び、一般的に生き物であるとみなされているものに属する他のすべての部分に関しても、地球が持つものは似たものではないのです。脆弱なわれわれにとって感覚可能なものも地球の巨大な塊にとっては感覚されない偶有性であるということを知らないほど、彼は善良なプルデンツィオでも劣悪な医学者でもありませんでした。さらに彼は次の比較も知っていたと思います。すなわち、われわれが生き物とみなしている〔狭義の〕生き物において、その諸部分はつねに変化し動いており、流入と流出を通じて外部から何かを取り入れたり内部から何かを送り出したりしています。そして、このことによって、爪が伸び、毛や毛皮や羊毛や髪が養われ、皮膚が強くなり、皮が固くなるのです。それと同様に、地球は諸部分の流出と流入を受け入れ、そのことによって生き物（われわれにそのようなものとして明らかな生き物）はその生命をはっきりと見せるのです。さらに、（すべてのものは生を分ち持つので）数えきれないほど多くの個体が、われわれの中のみならずすべての複合物の中で生きているというのは、おおいにありそうなことです。だとすれば、あるものが「死ぬ」と言うとき、われわれは、それが死ぬと思うよりも、むしろそれが変化し、その偶有的な複合と調和が止み、それらを成り立たせている諸物は不死であると思うべきなのです。このことは、物質的ないし質料的と呼ばれている諸物よりも、霊的と呼ばれている諸物により当てはまりますが、このことについては別の機会に示すことにしましょう。さて、ノラの人に話を戻すと、彼はヌンディニオが沈黙したのを見ました。そして、ノラの人の立場をルキアノスの『本当の話』と比べたヌンディニオの嘲笑を思い出して、気分を害して、少しだけ怒りを表して、「誠実な議論においては自分が理解できないことを笑ったりからかったりすべきでない」と言いました。そして、さらに次のように言いました。「わたしはあなたの空想を笑わないのですから、あなたもわたしの考えを笑うべきではありません。わたしは冷静と敬意をもってあなたと議論するのですから、あなたにも同様にしていただきたいものです。ルキアノスの話に関して言えば、もしもわたしがそれを真なるものとして擁護しようと思ったならば、それを論駁することはあなたにはかなわなかったでしょう。」このようにして、彼は、質問に対して理路整然と答えた後で、幾分怒気を含んで、嘲笑に対して返答したのです。

ヌンディニオの第五の質問

ヌンディニオは、「なぜ」「どのようにして」「どれが」といった質問をやめて何らかの議論をするようにと、ノラの人や他の人たちに責め立てられて……

プルデンツィオ　〈いかにして、なにゆえに、ある種のロバは議論ができるのか。〉

テオフィロ　……最終的に、次のような愚論を提起しました。すなわち、もしも地球が東と呼ばれている方向へと回転するのが真実であったならば、その急速な運動ゆえに、大気中の雲はつねに西へと流れるように見えなければならないだろう。そして、二十四時間のうちに、地球を一周し終えていなければならない、と言いました。それに対して、ノラの人は、その中を雲や風が流れている大気は地球の一部であると言いました。なぜならば、彼は、地球という名の下に、互いに異なった部分からなる機械全体、動物全体を適切にも理解したからです。したがって、川や岩や海、そして高山の渦巻く蒸気は、部分として地球に属します。それらはちょうど、動物の肺やその他の空の器官の中にあり、呼吸や、静脈の拡張や、生命に取って必要なその他の機能を果たす、空気のようなものなのです。アリストテレスはこのことを『気象学』の第一巻で理解していました。彼は次のように言っています。「地球を取り巻き、地球の呼吸のせいで湿って熱いこの空気の上には、別の空気がある。それは、熱いが乾燥しており、そこには雲は存在しない。この空気は、（地球が完全な球になるためにそれを限定する面である）地球の境界線の外にある。そして、風は地球の内奥や窪みにしか生じず、山の上では雲も風も現れない。そこでは空気は、宇宙全体のように、規則正しく回転している[78]。」このことはおそらくプラトンも考えていました。彼が言うには、われわれは地球の窪んだ暗い部分に住んでおり、地球の上に住む生き物に対するわれわれの関係は、われわれに対するより濃度が高い液体の中に住む魚の関係と同じなのです[79]。彼が言いたかったのは、「この蒸気を含む空気はある意味では水であり、より幸福な生き物を含む純粋な空気は地球の上にある。そして、このアンフィトリテ〔大海〕がわれわれにとって水であるように、このわれわれの空気は彼ら〔より幸福な生き物〕にとって水である」、ということなのです。したがって、ここからヌンディニオの議論に対して答えることができます。というのも、海は地球の表面にではなく、（体液の源泉である肝臓がわれわれの内にあるように）内部にあります。同様に、この荒れ狂う空気は地球の外にあるのではなく、いわば地球という生き物の肺の中にあるようなものなのです。

スミス　もしもわれわれが地球の内奥に住んでいるとしたら、なぜわれわれは天球全体を見ることができるのでしょう。

テオフィロ　地球という塊においては、もっとも外側の表面だけでなく、内側にある表面も球形なのです。それゆえに、凸形の中にはめこまれて、地平が見えることになるのです。したがって、（われわれの目と空の一部との間に山が置かれ、それが近くにあるために丸い地平線を完全に見ることができないことがありますが）この種の障害はそこでは生じないのです。平ではなく丸い地球の凸形に見られる山々は遠く離れているので、われわれは自分たちが地球の内奥にいることを感じないのです。それは次の図を見ればわかることです。〔**図5**参照〕地球の真の表面はABCであり、この表面の内側に海や諸大陸といった多くの個々のものがあります。その一例がMであり、この点からは、点Aや外側の表面の他の点からと同様に、天球全体が見えます。その理由は二つあります。地球の大きさとその周辺の凸形です。このことによって点Mは、天球を見ることができないほどの妨害

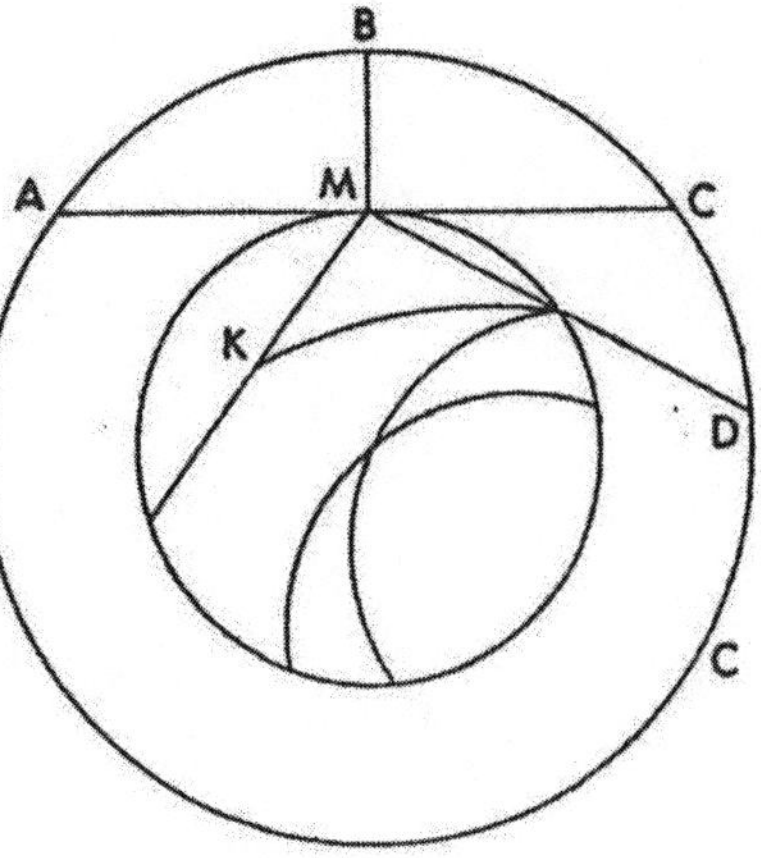

図5

を受けることがありません。というのも、ひじょうに高い山々といえども、点Mにおいて、線M‐Bのように視線を遮ることはなく(このことは、もしも地球の表面が平であれば生じ得ることです)、線M‐CやM‐Dのように視線を遮り、それは、周辺が平らでないために、たいした障害にならないのです。加えて、MがCやDに対して関係を持つように、KもMに対して関係を持つのです。したがって、地球の巨大な穴や洞窟についてプラトンが言ったことは、寓話とみなされるべきではありません。

スミス　ひじょうに高い山々の近くにいる人たちは、このような障害を蒙ることになるのですか。

テオフィロ　いいえ。むしろ障害を蒙るのは、より小さな山々の近くにいる人たちのほうです。というのも、ひじょうに高い山々とは、その大きさがわれわれの視覚によっては感覚できないほど大きくなければならないからです。したがって、ひじょうに高い山々は多くの人工的な地平を包摂し、それらの中では特定の地平の週有性は他の地平の遇有性に変化を及ぼすことはないのです。ですから、われわれの考えでは、ひじょうに高い山々とはアルプスやピレネーやそれに類する他の山々のことではなく、フランスのようなもののことなのです。実際、フランス全土は、北の大海と南の地中海という二つの海の間にあります。これらの海からオーヴェルニュ地方に向かって大地は上昇していきます。同様に、アルプスとピレネーからも大地は上昇していきます。そして、アルプスとピレネーは、かつてはひとつのひじょうに高い山の山頂部だったのです。しかし、この山は時とともに崩壊し(そして、地球の部分が変化し新しくなることによって、別の場所に山が作られることになるのですが)、われわれが山々と呼ぶ多くの個別の山脈を形成したのです。ヌンディニオがスコットランドの山々(彼はたぶんそこに行ったことがあるのでしょう）について挙げた例は、「ひじょうに高い山々」という言葉の意味を彼が理解することができないことを示しています。なぜならば、真実を言うならば、このブリテンの島全部が、大海から頭を出した山だからです。そして、この山の山頂はこの島のもっとも高い場所にあると考えるべきです。もしもこの山頂が空気の静かな部分に達しているならば、このことは「この山頂はもっとも高い山々の一つであり、そこにはおそらくわれわれよりも幸福な生物が住んでいる」ということの証拠となるでしょう。アフロディシアのアレクサンドロスもオリンポス山について同じようなことを言っています。そこでは、犠牲の灰の経験によって、この山がひじょうに高く、その空気が地球の諸部分の境界の上にあることが示されているのです(80)。

スミス　この鍵の下に隠されている自然の多くの秘密を解明してくださり、たいへん満足しています。風と雲に依拠した議論に対するあなたの回答は、アリストテレスが『天体論』第二巻において持ち出した議論――「〔もしも地球が動いているならば〕高く投げられた石が鉛直線に沿って下に戻ってくるのは不可能であり、地球の迅速な運動によってその石ははるか西の方へと残されるはずである」という議論(81)――に対する答えにもなります。なぜならば、この投射は地球の内部で行われるので、直線と斜線のすべての関係も地球の運動と一緒に変化しなければならないからです。それはちょうど、船の運動と船の中にあるものの運動の間に違いがあるようなものです。もしも違いがないとしたら、船が海上を進むときには、一方の端から他方の端へと物をまっすぐに引きずることは不可能ですし、跳躍した人がもとの場所に戻ることもできないはずです。

テオフィロ　したがって、地球の中にあるすべてのものは、地球と一緒に動くのです。それゆえに、地球の外部の場所から地球へと何かが投げられた場合、地球の運動によってその軌道は直線でなくなるでしょう。船ABをご覧ください〔図6参照。ただし、図には文字が付されていない。〕それが川を進んでいるときに、岸のCにいる人がそれに向かってまっすぐに石を投げるならば、船が進む速さの分だけ的を外れることでしょう。しかし、もしも誰かがこの船の帆柱の上にいるならば、船がどれほど速く進もうと、的を外すことはないでしょう。したがって、石や他の重たいものが、帆柱のてっぺんや鐘楼のEから、帆柱の根元にあるD点やこの船の船体の他の部分へと投げられた場合、それはまっすぐに落ちるでしょう。同様に、もしも船にいる誰かがD点からE点へとまっすぐに石

図6

くるでしょう。

を投げるならば、船がいかに速く走っていようとも、傾いてさえいなければ、石は同じ線を通って下に戻ってくるでしょう。

スミス(82)　この〔内と外の〕違いを考察することによって、自然と深遠な哲学の多くの重要な秘密への扉が開かれます。というのも、自分自身を治療する人と他人によって治療される人との差異がいかに大きいかということは、しばしば目にするがほとんど考えられていないことなのです。実際、われわれは、他人の手で食べさせられるよりも、自分の手で食事をすることに、明らかにより大きな喜びを見いだすのです。子どもたちは、自らの道具を使って食事をすることができるときには、他人の助けを喜びません。まるでそれは、喜びのないところには利益もないと、自然がある種のしかたで教えているかのようです。幼児が乳を吸うときには、乳房をぎゅっとつかむのをご覧なさい。そして、盗難に関して言うと、家の召使いによるものほど恐いものはありません。というのも、身内の悪行のほうが他人の悪行よりも暗くつかみどころがないからです。身内の悪行には、ある種の悪意と凶兆が認められるのですから。

テオフィロ　本題に戻りましょう。二人の人がおり、一人は走っている船の中に、もう一人はその外にいるとしましょう。そして、二人の手は空気の同じ点にあり、その同じ場所から同じ時間に二人が石を〔押すことなしに〕落とすとしましょう。船の中にいる人の石は、あらかじめ定められた場所に、線からまったく逸れることなしに、達することでしょう。船の外にいる人の石は、後方に残されることでしょう。その理由は、ほかでもありません。船の中にいる人は、船の運動に従って動いており、その人の手から落ちる石には、船の外にいる人の手から落ちる人の石が持たない力《ヴィルトゥ》が備わっているのです。このことは、二つの石が同じ重さを持ち、同じ空気を通って落ち、（可能ならば）同じ場所から落ち、同じ程度押されたとしても、そうなのです。この差異に関してわれわれが提示することができる唯一の理由は、船に接していたり、あるいはそれに似たしかたで船に属しているものは、船と一緒に動くということです。それゆえに、一方の石は、船と一緒に動く動者の力を持ち、もう一つの石は、船に所属しない動者の力を持っているのです。このことからはっきりわかるように、まっすぐに進む力を得るのは、出発点からでも、到着点からでも、中間点からでもなく、最初に受けた力の有効性によるものなのです。すべての差異はそこから生じるのです。ヌンディニオの提題についての考察は、これでじゅうぶんだと思います。

スミス　それではトルクアートの提題を聞くために、明日お会いしましょう。

プルデンツィオ　〈そうなるように。〉

第四対話

スミス そのわけを言いましょうか。

テオフィロ どうぞ。

スミス それは、『聖書』(それに含まれている意味は、無謬の高次の英知から生み出されたものとして、おおいに推奨されるべきです)が多くの箇所で正反対のことを示唆し、前提としているからです。

テオフィロ この点に関しては、どうかわたしの言うことを信じてください。神々は道徳的な事柄の実践をわれわれに示してくれましたが、もしもそれと同じように神々が自然の事物に関する理論をあえてわれわれに教えてくれたならば、わたしは彼らの啓示を受け入れ、わたしの理性や個人的な確信によって動くことはしないでしょう。しかしながら、(一目瞭然のことですが)『聖書』の目的は、哲学のようにわれわれの知性の役に立つために、自然の事物に関する証明や思弁を提示することではありません。その目的は、われわれの知性や情念のために、道徳的な活動の実践を法によって秩序づけることにあるのです。したがって、神的な法の制定者(83)は、この目標を念頭に置きます。そして、その他のことについて真実に則って話すことなど、彼にとってどうでもよいことなのです。というのも、そういった真実は、大衆を悪から引き離し、善へと近づけることはないからです。ですから、彼は、このことについては観想的な人々に考えを委ねるのです。そして、彼は、大衆が大事なことを理解するようにと、彼らがわかるように彼らの語り口を採用するのです。

スミス　たしかに、物語を語り法律を与えようとする者は、誰もがわかるように話すべきであり、どうでもよい事柄に関して厳密であるべきではありません。もしも歴史家が自分の題材を扱う際に新奇な言葉を用い古い言葉を改良し、その結果、読者は彼を歴史家として理解するよりもむしろ文法学者とみなすことになるとしたら、その歴史家は頭がおかしいのです。同様に、もしも大衆全体に法と生き方を授けようとする人が、彼を含む少数者しか理解できない用語を使い、そのために法律が定められた目的とは無関係なテーマを考察するならば、その人は先の歴史家以上に頭がおかしいことになります。というのも、彼は彼の教えを一般大衆（そのために法律が定められているのですが）に向けずに、賢明で寛大な、真の意味で人間である人たちに向けることになるのですが、これらの人たちは法律なしでも適切に振る舞うのです。それゆえに、イスラムの最高の僧侶にして神学者である哲学者アル・ガザーリは、法律の目的は諸事物の真理の追究と思弁というよりも、むしろ習俗を良くし、礼節に役立ち、人々を共存させ、人間的な会話を円滑にし、平和を維持し、共和国を強めるためである、と言ったのです。したがって、方便のかわりに真理を語るということは、多くの場合、多くのテーマについて、愚かで無知な人間のすることなのです。だからこそ、賢者は、「太陽は生まれ、昇り、南を回って、北に沈む」

と言ったのです。もしも彼が「地球は東に向かって回転し、太陽を沈むがままにし、二つの回帰線、つまり南の蟹座と北の牡羊座に向かう」と言ったならば、聴衆は「いったいこの人は地球が動くと考えているのだろうか。いったい彼は何を言おうとしているのだろうか」と思うでしょう。そして、最後には彼を狂人と思うでしょう。そして、実際に、彼は狂人だったのです。とはいえ、短気で厳格なユダヤ教の先生のずうずうしい質問に満足に答えるために、われわれの主張が聖書にもたやすく該当するか見てみましょう。

テオフィロ　「神は輝く星々の中で、太陽と月という二つの大きな星を造った」とモーゼが言ったとき、ユダヤ教の先生たちは、この言葉を、他のすべての星々は月よりも小さいという絶対的な意味で解しているのでしょうか。それとも、一般に理解され語られている通念にしたがって本当らしい意味で解しているのでしょうか。月よりも大きい星はたくさんあります。太陽よりも大きい星々もたくさんあるかもしれません。地球は、月よりも美しく大きな光体ではないでしょうか。地球も、月と同様に、大海やその他の内海に太陽の巨大な輝きを受け入れているので、星々と呼ばれている他の諸世界から見れば光度の強い物体に見えることでしょう。それはちょうど、これらの星々がわれわれの目にたいそう明るい灯火のように見えるのと同じでしょう。たしかに、モーゼが地球を大きなあるいは小さな輝く星と呼ばず、太陽と月を輝く星と呼んだのは、彼の置かれた状況においては、見事な本当らしい語り口だったのです。なぜならば、彼は一般的な言葉と考え方に従って理解されることを望み、愚かな狂人のように学者ぶったりしなかったからです。必要がないのに真実を話し、仕事に専念すべき愚かな大衆に特殊な知識を授けようとするのは、手が目を持つことを望むようなものです。手は、自然によって、見るために造られたのではなく、働き、目の言うことを聞くために造られたのです。こういったわけで、モーゼは霊的実体の本性を理解していたにもかかわらず、それらのうちのいくつかが伝令を伝えるときに人間に話しかける任務を持っているということを知らせるためにしか、それらについて言及しませんでした。また彼は、月やその他の物体の世界（われわれの目に見えるものも見えないものも）には、このわれわれの世界にあてはまることがすべて該当する、あるいは少なくとも似たようなことが該当することを知っていました。しかし、民衆にわざわざこれらのわずらわしいことを教えるのは、立法家の仕事ではないのです。われわれの法律の実施とわれわれの徳の実践は、それらとは何の関係もないのです。それゆえに神聖な人たちが自然物に関する通念を前提にして語るときには、彼らを権威とみなすべきではありません。しかし、彼らが大衆と関わりを持たない無差別なしかたで語るときには、われわれは神聖な人々の言葉に傾注しなければなりません。同様のことは、高次の明かりによってわれわれに語る詩人たちの熱狂にもあてはまります。また、隠喩ではないものを隠喩とみなしたり、比喩的に語られたものを真実とみなしたりしてはいけません。しかし、隠喩と真実とのこの区別を、みなが理解しようとするべきではありません。誰もがそれを知ることはできないのですから。さて、自然や道徳や神に関する観想的な本に目を向けると、この哲学がそこで好意的に受け入れられていることがわかるでしょう。わたしは『ヨブ記』のことを言っています。それは、読むことができる本の中でもっとも卓越したもののひとつであり、あらゆる良き神学、自然哲学、道徳哲学に満ちており、たいそう賢明な言説でいっぱいです。モーゼは、それを彼の立法書に秘跡として付け加えました。この本の中で、登場人物の一人は、神の摂理の力を記述しようとして、次のように言いました。すなわち、神は、彼の卓越した者たち、つまり星々であり神々である崇高な息子たちの間に平和を打ち立てました[84]。これらの星々の一部は火であり、他の部分は水です。（それは、われわれが星々の一部を諸々の太陽と、他の部分を諸々の地球と呼ぶのに似ています。）そして、両者は調和しています。というのも、両者は正反対であるとはいえ、互いに相手によって生き、養分を得て養われているからです。そして、両者はごちゃ混ぜになることなく、互いに距離を保って相手の回りを回っているのです。このようにして、宇宙は火と水に分けられます。そして、火と水は、冷と熱という形相的かつ能動的な二つの第一原理の基体なのです。熱を放出する諸物体は太陽であり、それらは自らの力で輝き熱いのです。冷を放出する諸物体は地球です。それら水がそれらを見えるようにするからです。なにしろ、名前というものは、ものを感覚可能にする原因から付けるべきものなのですから。（もっとも感覚可能といっても、それ自体としてではなく、表面に散乱した太陽の光によってなのですが。）この教えはモーゼの教えに適合しています。彼が「天空」と呼ぶ空気の中には、これらすべての物体が持続的に位置づけられています。そして、その空間によって、われわれの地球にある下位の水は、他の地球にある上位の水から区別され、分断されているのです[85]。モーゼは単純に、「水が水から分たれた」と言っているのですが。さらに、聖書の多くの箇所で、最高神の従者である神々が「水」や「深淵」や「大地」や「燃える炎」と呼ばれていることを考えれば、それらを「変わることのない中性的な物体」「第五元素」「天球のもっとも厚い部分」「緑柱石」「ルビー」、あるいはその他の空想的な名で呼んでもかまわないということがわかるでしょう。大衆は、これらの名称を、自分たちに無関係なものとして、受け入れるでしょうから。

スミス　わたしはと言えば、『ヨブ記』とモーゼの権威によってたいそう心を動かされました。隠喩的で抽象的な考えよりも、この現実的な考えに留まるほうがたやすいように思われます。とはいえ、アリストテレスやプラトンやアヴェロエスの模倣者たちの何人かは、彼らの哲学から神学者に昇進して、それらの言葉は隠喩だと言っています。彼らは、自分たちを育てた哲学への党派心から、隠喩を使って勝手気侭な解釈をするのです。

テオフィロ　この隠喩がいかに多様な解釈を許すかは、〔旧約聖書という〕同じ本がユダヤ教徒やキリスト教徒やイスラム教徒に読まれていることから判断できます。これらの宗派はたいそう異なり対立しているだけでなく、さらにその他の無数の異なり対立した宗派を生み出しているのです。そして、これらの宗派すべてが、この本の中に自分たちの気に入り自分たちに好都合な考えを見いだすことができるのです。しかも、そこに見いだされる考えときたら、たんに異なったものであるだけでなく、まったく正反対なものであり、「然り」から「否」を「否」から「然り」を作り上げる始末です。〈たとえば〉神が反語によって語っているとされる箇所が良い例です。

スミス　これらの人たちは放っておくとしましょう。特定の箇所が隠喩であるかないかは、彼らにとってどうでもよいことなのです。彼らがわれわれの哲学の邪魔をすることはないでしょう。

テオフィロ　われわれは、高潔な精神の持ち主や真の宗教家、さらには善良な人間や市民的な会話と良き教えの友からの非難を恐れる必要はありません。なぜならば、この哲学が真理を含むだけでなく、他のいかなる種類の哲学よりも宗教に好意的であるということは、よく考えればわかることだからです。他の哲学は、世界を有限とします。神的な力の結果と効力を有限とします。英知ないし知的本性は八か九しかないとします。諸物の実体は破壊可能であるとします。魂は（遇有的な状態にあり、体質によってもたらされたものであり、分離可能な調合にして調和であるがゆえに）死すべきものであるとします。したがって、人間の行為に関する神の正義の実行はないものとします。個別のものの知識は第一の普遍的な原因からかけ離れているとします。そして、他にも多くの不適切な主張を唱えています。これらの主張は、間違ったものとして知性の明かりを暗くするのみならず、なげやりで不敬なものとして善き情念の熱意を弱めるのです。

スミス　ノラの人の哲学に関するこのようなお話を聞けて、たいへん満足しています。さて、トルクアート博士との話に話題を移すとしましょう。この人は、疑いなく、無知においても、また厚顔無恥においても、ヌンディニオに引けを取りません。

フルッラ　無知と傲慢は、肉体と魂に宿る二人の分けることができない姉妹です。

テオフィロ　まるで『変身物語』において〈神々の父〉が不敬なリカオンに対して厳格な判決の雷を落とすために神々の会議の場に着席したときのように、この男は真剣な顔つきをしていました。そして、自分の金の首飾りを眺めた後で……

プルデンツィオ　〈金の鎖と金の首飾り。〉

テオフィロ　……それから彼はノラの人の胸を眺めたが、そこにボタンがひとつ欠けているのに気づいたはずです。そして、食卓から手を離して立ち上がり、少し背中を振り、口から唾を吐き、頭のビロードの帽子を整え、ひげをねじり、香水がかかった顔を整え、眉をひそめ、鼻孔を広げ、横目で威儀を正し、左の脇に左手を置きました。そのうえで、決闘を始めるために、右手の三本の指をわれわれに向けて、「〈君はかの哲学者たちの第一人者なのか〉」と言いました。ノラの人は、議論が逸脱するのを恐れて、ただちに彼の言葉を中断し、言いました。「〈主よ、どこへ行かれるのですか。どこへ行かれるのですか。もしもわたしが哲学者たちの第一人者ならば、どうなるのです。もしもアリストテレスや誰か他の人がわたしに同意しないように、わたしも彼らに同意しないと、どうなるのです。地球は、世界の不動の中心であることをやめるのですか。〉」このように、あるいは別の似たようなしかたでも、説得しながら、できるかぎり忍耐強く、ノラの人は、この新しい第一人者に対して他の第一人者たちを擁護する証明ないしは推論を提出するようにと、トルクアートに迫ったのです。そして、ノラの人は、半ば微笑みながら回りの人たちに向かって、言いました。「この人は、理論で武装されて来たというよりも、むしろ寒さや空腹で死に絶えてしまう言葉と冗談で武装されて来たようですね。」議論をするように全員に促されて、トルクアートは、言いました。「〈もしも地球が動くならば、どうして火星は大きく見えたり、小さく見えたりするのか。〉」

スミス　なんという天真爛漫さでしょう。〈事物の本性において〉哲学者と医学者の肩書きを持った人が……

フルッラ　おまけに医者であり、首飾り《トルクアート》をしています。

スミス　……このような結論を引き出すことができるとは。ノラの人は何と答えたのですか。

テオフィロ　彼はこの言葉に動揺しませんでした。そして、火星が時によって大きく見えたり小さく見えたりする主たる原因の一つは、地球と火星がそれぞれの円を動き、その結果両者は近づいたり遠ざかったりするからだ、と答えました。

スミス　トルクアートは何と言いましたか。

テオフィロ　ただちに、惑星と地球の運動の比率を尋ねました。

スミス　するとノラの人は、たいそう忍耐強いので、このように傲慢な馬鹿者を見ても、背を向けて家から去らずに、彼を招いてくれた人に言うには……

テオフィロ　ノラの人の返答は以下の通りです。自分が来たのは講読したり教えたりするためではなく、質問に答えるためである。天体の運動の均衡や秩序や尺度については、古代や現代の人たちによって知られていることを前提とし、この点に関しては論争しない。彼は数学者たちと議論を戦わせて、彼らが主張する尺度や理論を否定せず、それらに賛同し、それらを信じている。むしろ彼の関心は、これらの運動の基体の本性の検証に注がれているのである。このように答えたうえで、彼は次のように言いました。「もしもわたしがこの質問に答えるならば、われわれはそのために一晩を費やすことになり、通俗的な哲学に対するわれわれの主張の根拠を提示することができなくなるでしょう。ですから、運動の量と質に関する正しい理論に達するかぎり、われわれは互いにすべての仮説を受け入れることにしましょう。この点に関して、異論はないはずです。主題から逸脱した問題に頭を悩ませる必要はないでしょう。もしも観察と検証の結果からわれわれに反対する何らかのことをあなたがたが見いだすとしたならば、そのときにはどうぞ自由に異議を唱えてください。」

スミス 話を逸らすな、と彼に言うだけでじゅうぶんでしたでしょうに。

テオフィロ 回りの人たちは愚かではないので、この男が〈金で飾られた〉大きな羊であるということを、表情とジェスチャーで示しました。

フルッラ 〈すなわち〉金の羊毛ですね。

テオフィロ とはいえ、回りの人たちは、トルクアート博士を議論に巻き込もうとして、ノラの人に自分の立場を述べるよう頼み、その結果、事態は複雑になったのです。それに対するノラの人の答えは、彼はもうじゅうぶんに説明したし、もしも論敵の議論が貧弱であるとしても、このことは素材の欠陥によるものではないのは一目瞭然である、というものでした。さらに彼は以下のことを確言しました。すなわち、宇宙は無限であること。それは、無窮のエーテル状の領域から成ること。本当の天とは、その中に多くの星々を持つ空間にして母胎であり、これらの星々は地球と同じようにその中に位置づけられていること。このようにして、月や太陽や他の無数の物体は、このエーテル状の領域の中に、地球と同じように、あること。世界を形作るこれらの巨大な生物たちを支えるそれ以外の天空や底や基盤があるとは思えないこと。宇宙は、現に存在する無限の神的な力の、真の基体にして無限の質料であること。このことは、秩序づけられた理性的な記述によっても、神的な啓示によってもよく理解できること。これらの啓示によれば、最高者の従者たちの数は数えきれず、何百何千もの従者が彼に仕え、何千何万もの従者が彼のために働いていること。これらの従者は巨大な生物であり、それらの多くはそれらの物体から拡散される澄んだ明かりによって、どの方向からも見ることができること。それらの一部は、太陽や他の無数の火のように熱しており、その他は地球や月や金星や他の無数の地球のように冷えていること。これらは、互いに伝達し合い、生命の原理を互いに分け与え合うために、ある程度の空間をおいて、距離をとって、一方が他方の回りを回転していること。このことは太陽の回りを回る七つの惑星を見れば明らかであること。これらの惑星の一つである地球は、西と呼ばれる方角から東へと二十四時間をかけて自転し、その結果、宇宙が地球の回りを動いている（それは世界の日周運動と呼ばれる）ように見えること。このような想像は、まったくの誤りであり、自然に反し、不可能であること。地球が、光と闇、昼と夜、熱と冷を分ち持つために、自転し、春夏秋冬を分ち持つために、太陽の回りを回り、世紀を新たにし様相を変えるために、極と呼ばれているもの〔北極〕と半球におけるそれと反対の点〔南極〕に向けて動くことが、可能であり、適切であり、真であり、必要であるということ。この最後の運動によって、もともとは海であった場所が乾燥し、熱かった場所が冷え、回帰線があった場所が赤道になり、最終的にはすべてが有為転変すること。このことは、地球だけでなく、古代の真の哲学者たちによって正当にも「諸世界」と呼ばれた他の星々にも当てはまること。これらすべてを、ノラの人は確言したのです。その間、トルクアート博士は、〈事実に即しなさい、事実に即しなさい、事実に即しなさい〉と叫んでいました。ついにノラの人は笑い出してしまい、自分は彼に対して議論をしているのでも、質問に答えているのでもなく、考えを提示しているだけで、〈これらは事実である、事実である、事実である〉と言いました。そして、トルクアートこそ何らかの〈事実に即した〉事柄を持ち出すべきだと言ったのです。

スミス　このロバは、自分が無知蒙昧な人々の中にいると考えていたので、彼の〈事実に即しなさい〉という言葉が彼らによって重みのある議論とみなされ、単に叫び声をあげ金の鎖を示すだけで、大衆を満足させることができると信じていたのです。

テオフィロ　続きを聞いてください。全員が彼の議論を聞くのを待ち望んでいると、トルクアート博士は、同席者たちに向かって、まるで刀を鞘から出すかのように、〈笑止千万の振る舞い〉というエラスムスの格言を口にしたのです。

スミス　ロバでさえもっとましなことを話せたでしょう。

テオフィロ　きっと彼は、彼の頭のこの野蛮な狂気を鎮めるために、ノラの人が薬草を準備することを、意図せず予言したのでしょう。

スミス　もしもそこにいた人たちがたんなる教養人ではなく、最高度の教養人だったならば、彼の首に首飾りの代わりに絞首刑の紐を付けたことでしょう。そして、四旬節の最初の日を祝って四十の棒打ちを数えさせたことでしょう。

テオフィロ　性懲りのない愚か者は、トルクアート博士のほうであり、首飾りなしには、トルクアート博士は彼の服ほどの価値も持たない、とノラの人は言いました。しかも、彼の服と言えば、棒打ちを受けることで埃を出さなければ、ほとんど価値がなかったのです。このように話しながら、ノラの人は、ファルク氏がもっとましな相手を見つけなかったことを嘆きながら、席を立ちました。

フルッラ　彼らはイギリスの成果なのです。いくら探そうとも、こんにちにおいては、文法教師しか見つからないのです。この幸福な祖国は、ヨブの忍耐すら越える粗野な無作法が混ざった、衒学的で頑迷極まりない無知と傲慢の星のもとにあるのです。もしもこのことを信じないならば、オックスフォードに行き、ノラの人がポーランドのラスキ皇太子やイギリスの貴族たちの前で神学博士たちと公開討論を行なったとき、彼に何が起きたかを聞いてください。彼の議論に対してどういう答えが来たか聞いてください。この荘重な機会にアカデミーの首級として登場したあの哀れな博士(86)が、十五の三段論法に対して、まるで藁くずにからまったヒヨコのように何をすることができなかったことを聞いてください。あの豚の無作法で無礼な振る舞いともう一人の人の忍耐と愛想の良さを聞いてください。このもう一人の人〔ノラの人〕は、このことによって自分がより好意的な天のもとに生まれ育ったナポリ生まれの人間であることを示したのです。〈魂の不滅について〉と〈五重の天圏について〉の彼の公開講義がどのようにして打ち切りになったかを聞いてください。

スミス　豚に真珠を与える者は、それが足で踏まれても嘆くべきではありません。トルクアートの話を続けてください。

テオフィロ　全員が食卓から立ち上がったとき、彼らの何人かは、ノラの人の短気を非難しました。むしろ彼らは、トルクアートと彼ら自身の野蛮な無作法に留意するべきだったのですが。とはいえ、ノラの人は、別のしかたでたやすく勝つことができる人たちに礼節において勝つことを自認していたので、立ち去ることをやめました。

そして、すべてを水に流して、トルクアートに親しみを込めて言いました。「兄弟よ、あなたの意見ゆえにわたしがあなたの敵になるなどと考えないでください。それどころか、私は、自分に対してと同じように、あなたに対しても友好的なのです。ですから、わかってください。この立場をまったく確実なものと見なす何年か前には、わたしはそれを単に真なるものと思っていました。さらに若くさして賢くないときには、それを真実らしいものと評価していました。思弁的な事柄についてもっと初心者のときには、それをまったくの偽りと思っていました。ですから、アリストテレスがそれを考察するのを軽蔑しなかっただけでなく、『天と世界について』第二巻の半分以上を「地球は動かない」ということを証明するために費やしたことを不思議に思っていました。わたしが子どもでまったく思弁的知性を欠いていたときには、それを信じるのは狂気の沙汰であると思っていました。そして、それを、(遊びのために議論をしたがり、白を黒とすることの証明や弁護を生業としている)怠惰な精神の持ち主の練習のための、ソフィスト的な詭弁の素材だと考えていました。ですから、わたしはこの理論のためにあなたを憎むことはできません。それは、もっと若く、子どもであり、あまり賢くなく、分別もなかった頃の自分を憎むことができないのと同じなのです。それゆえに、わたしはあなたを憎む代わりに、あなたに同情いたします。そして、神がわたしにこの認識を与えてくださったように、たとえあなたに見る能力を与えることが神の気に召さないとしても、少なくともあなたが自分の盲目を信じることができるように神がしてくださるよう、神にお祈りいたします。このこと(自分の盲目を信じること)は、少なからず、あなたをもっと礼儀正しく丁寧にし、あなたの無知と傲慢を減らすことでしょう。そして、あなたもまたわたしを愛さなければなりません。より賢明でより年取ったいまのわたしを愛さなくとも、より無知で若かったときのわたしを愛さなければなりません。その当時の幼いわたしは、老年のあなたと部分的には同じ状態にあったのですから。つまり、わたしは会話と議論においてあなたのように野卑で不躾で無作法であったことはけっしてありませんが、一時期あなたと同じように無知だったのです。このように、わたしがわたしの過去に鑑みてあなたの現在を見、あなたがあなたの現在に鑑みてわたしの過去を見るならば、わたしはあなたを愛するでしょうし、あなたはわたしを憎むことはないでしょう。

スミス　別種の議論に入ったときに、彼らは何と言ったのですか。

テオフィロ　要するに、彼らは、アリストテレスやプトレマイオスや他の博識な哲学者たちの仲間だったのです。ノラの人が言うには、数えきれない愚かな馬鹿者どもがアリストテレスやプトレマイオスの仲間であるだけでなく、ノラの人の理論を理解できない人たちの仲間でもあるのです。それに対して、ノラの人と意見を同じくする人たちは多くはなく、ピュタゴラスやプラトンのような神のような知者たちだけなのです。

彼は次のように言葉を続けました。「自分たちの側に哲学者たちがいると自慢する大衆に関しては、これらの哲学者たちが俗衆の好みに合うかぎり、彼らは俗悪な哲学を生み出したのだ、と考えてください。アリストテレスの旗の下にいるあなたたちには、次のように忠告しましょう。あなたたちは、アリストテレスが理解したことを理解し、アリストテレスが洞察したことを洞察したと自慢するべきではありません。なぜならば、彼が知らなかったことを知らないのと彼が知っていたことを知るのとでは、大きな相違があるからです。実際、あの哲学者が無知であったことについては、彼の仲間は、あなたたちだけでなく、ロンドンの船頭や運搬人も含めたあなたたちに似た人たち全員なのです。あの紳士が博識であり、優れた判断力を持っていたことについては、あなたたち全員は明らかに彼から遠く離れていたのです。わたしが不思議に思うことが一つあります。それは、あなたは論争するために招待されて来たにもかかわらず、わたしやコペルニクスを批判するのに必要な基盤を示すことも、理論を提示することもできなかったということです。多くの強力な議論や証明があるにもかかわらずです。」

トルクアートは、まるで高尚な議論を誇示するかのように、堂々と威厳をもって、「〈どこに太陽の遠地点はあるのか〉」と問いました。ノラの人は、遠地点がどこにあるかは好きなように想像して結論を出せばよい、と答えました。なぜならば、遠地点は変化し、いつも黄道の同じ角度にあるわけではないからです。彼は、何のためにこの質問がなされたのかわかりませんでした。トルクアートは、まるでノラの人がこのことに答えられないかのように、もう一度同じ質問をしました。ノラの人は答えました。「〈教会の秘跡はいくつですか。それはカニ座の二十度のあたりにあり、その反対のものは山羊座の百十度あたりにあります〉。あるいは、セントポールの鐘楼の上にあります(87)。」

スミス　彼は何のためにこのような質問をしたのですか。

テオフィロ　彼が論争をし、何かを言っているということを、何も知らない人たちに示すためです。さらに、〈いかに、なぜ、どこに〉といった質問をたくさんすることで、ノラの人が無知を告白せざるを得ないような質問に出くわすためです。彼は、最後には、第四等の星がどれほど多くあるのかをさえ知りたがったのです。しかし、ノラの人は、自分は問題になっていることしか知らないと言いました。太陽の遠地点に関する質問については、トルクアートがまったく論争に無知であったことが結論づけられます。「地球は太陽の回りを動き、太陽はこれらのさまよう明かりの中心に留まる」と主張する人に対して「太陽の遠地点はどこにあるのか」と問うことは、通俗的な考えの持ち主に対して「地球の遠地点はどこにあるのか」と問うようなものです。議論を学ぼうと望む人に与えられる最初の教えは、「自らの原理に則ってではなく、論敵が認めた原理に則って、問い尋ねること」なのです。しかし、この馬鹿者にとっては、すべてが同じだったのです。彼は、問題になっている前提からも、問題の外にある前提からも議論を引き出したのですから。

この話が終わると、彼らは内輪で英語で話し始めました。そしてしばらくしてから、机の上に紙とインク壷が持ち出されました。トルクアート博士は、一枚の紙をできるだけ大きく広げ、ペンを手に取り、紙の真ん中を通って端から端まで直線を引きました。そして、その真ん中に円を描きましたが、先の直線はこの円の中心を通って、円の直径を形成したのです。さらに、この円の半円の中に〈地球〉と書き、もう一つの半円の中に〈太陽〉と書きました。そして、地球の側に八つの半円を描き、そこに七つの惑星の印を順番に書き込みました。最後の半円には〈第八の動く天球〉と、その端には〈プトレマイオス〉と書きました。その間、ノラの人は、子どもでも知っていることを書いていったい何をするつもりなのかとこの人に言いました。トルクアートは「〈見なさい。黙りなさい。そして学びなさい。君にプトレマイオスとコペルニクスを教えよう。〉」と答えました。〔図

7参照〕

スミス 〈豚も時にはミネルヴァに教える[88]。〉

テオフィロ ノラの人は、「自分よりもよく理解している人に対してアルファベットを書いて文法を教えようとするのは、悪い方法だ」と答えました。トルクアートは書き続け、中心にある太陽の回りに七つの半円を同じような印とともに描きました。そして、最後の半円の回りに〈恒星の不動の天球〉と、その端に〈コペルニクス〉と書きました。それから第三の円に向かい、その円周の一点に周転円の中心を作りました。そしてそれに円周を描き、先に述べた中心に地球を描きました。そして、誰かが間違えてそれを地球

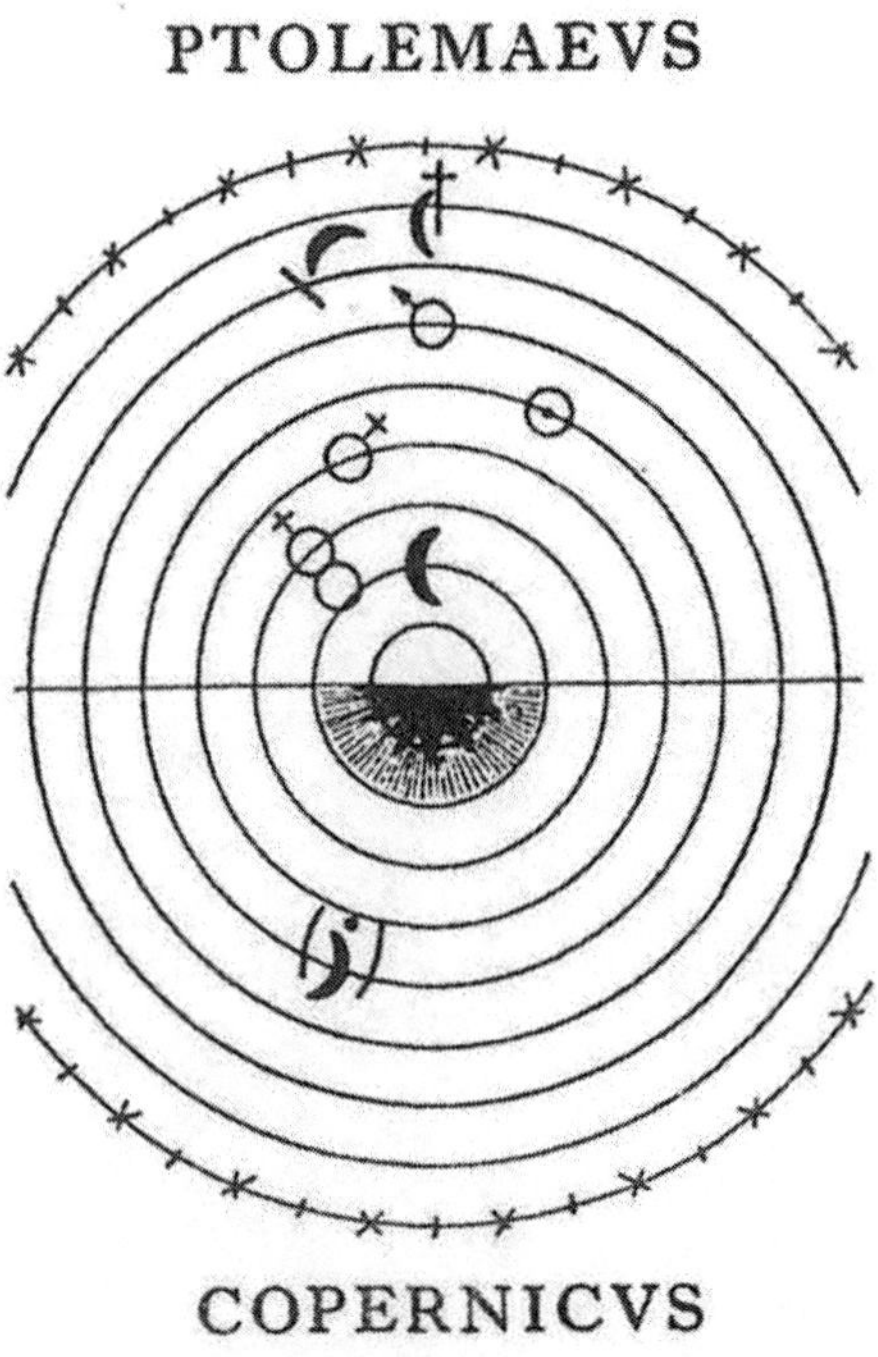

図7

でないと思わないようにと、そこにきれいな字で〈地球〉と書きました。さらに、周転円の円周の中で中心からもっとも遠い場所に月の印を書きました。ノラの人はそれを見て言いました。「なんとこの人は、わたしにコペルニクスについて教えるつもりです。しかも、その教えときたら、コペルニクス自身の考えではなく、それを言ったり書いたりするぐらいならば首を切られるほうがましだとコペルニクスが思うような教えなのです。というのも、どんな大馬鹿者でもわかるように、この位置からは太陽の直径はつねに等しいものに見えるでしょうし、検証できない他の多くの結論も生じることになるのです。」「〈黙りなさい。黙りなさい。〉」とトルクアートは言いました。「〈君はわたしにコペルニクスを教えるつもりかね。〉」「わたしはコペルニクスのことは気にかけていません。」とノラの人は言いました。「また、あなたや他の人たちが彼をどう理解しているかも気にかけていません。あなたに言いたいことはただ一つだけです。次回わたしに教えに来るのは、もっと勉強してからにしてください。」居合わせた紳士たちは熱心にもコペルニクスの本を持って来させました。そして、図を眺めると、地球は月のように周転円の円周上に描かれていないことに気づきました。第三の天球の円周にある周転円の中心点が地球を意味するとトルクアートが考えたのはそのためだったのです(89)。

スミス　間違いの原因は、トルクアートはこの本の図を眺めたが、章を読まなかった、あるいは読んでも理解しなかったことにあります。

テオフィロ　ノラの人は笑い出しました。そして、この点はまったく同じものである地球と月の周転円を描いたときのコンパスの跡にすぎない、と言いました。「ですから、もしもコペルニクスの考えによれば地球がどこにあるのかを本当に知りたいのならば、彼の言葉を読んでください。」人々はそれを読み、「地球と月は、あたかも同じ周転円に含まれている、等」とコペルニクスが言っているのをみつけたのです[90]。ヌンディニオとトルクアートは彼らの言語でしばらくぶつぶつ言っていましたが、結局、ノラの人以外の全員に挨拶をして、立ち去りました。そして、ノラの人は後から人を送って彼らに挨拶を届けたのです。その場にいた騎士たちは、彼らの博士たちの無礼千万と無知蒙昧に気を悪くせず、むしろこの祖国の貧困について同情して欲しいと、ノラの人に言いました。というのも、彼らの祖国は、哲学と応用数学の専門領域に関しては（そこでは全員が盲目のために、これらのロバたちがやって来て、自分たちを目が見える者として売り込み、灯火の代わりに膀胱を差し出すのです）、いまだに良き学問の寡婦だからです。それから、騎士たちは彼に丁寧な挨拶をして、帰路についたのです。われわれとノラの人も、別の道を通って夜遅く帰宅しましたが、その際に通常のいざこざに巻き込まれることはありませんでした。というのも、すでに深夜であり、角や蹄を持った動物たちは帰路においては、往路のときのようにわれわれを悩ませることがなかったからです。彼らは羊小屋や馬小屋に戻って休んでいたのです。

プルデンツィオ

　夜であった。地上の疲れた肉体は平和な
眠りをむさぼり、森と凶暴な海は安らぎを求めた。
星々は中天にかかり、

すべての畑と家畜は沈黙し……(91)

スミス　今日の話はこれでじゅうぶんです。テオフィロさん、明日もここに来てください。ノラの人の教説の他の点についても知りたいからです。というのも、コペルニクスの教説は計算には適していますが、もっとも主要である自然の理論に関しては確かさと有効性を欠いているからです。

テオフィロ　喜んで、もう一度来ることにします。

フルッラ　わたしもです。

プルデンツィオ　〈われもまた。さらば。〉

第五対話

テオフィロ　天の星々が天に固定されているしかたは、地球というこの星が同じ天空（それは空気なのですが）に固定されているしかたに比べて、より強度でもなければ、別のものでもありません。そして、われわれがいる地球におけるよりも、大熊座の尻尾がある場所のほうが、第八の天球と呼ばれるにふさわしいわけでもありません。なぜならば、これらの異なった物体は、エーテル状の領域という同一空間の中にあり、適当な距離を取りながら、一方が他方から遠ざかるからです。惑星には七つの天があり、他のすべての星々には一つしか天がないと判断された理由を考えてみてください。七つの惑星に見られる多様な運動と（つねに同じ距離と規則を保つ）他の星々の唯一の規則正しい運動から、これらすべての星々は同じ天球に固定されて同じ運動をしているという意見が生じたのです。その結果、感覚可能な天球は八を越えずに、光り輝く天体はそこにある種のしかたで固定されていることになったのです。

さて、われわれが「世界の運動のこのような外見は地球の回転から生じる」ということを認識できるだけの光と良識を持ち、空気のただ中にあるこの物体〔地球〕の状態から他のすべての物体の状況について判断するならば、あの夢と空想とは正反対のことをはじめは信じ、次には証明によって結論づけることができるでしょう。この夢と空想が他の無数の不都合をかつて生み出し今も生み出している最初の不都合なのです。あの誤謬はそこから生じます。われわれが地平線の中心からあらゆる方角へと目を向けるならば、比較的近くにある諸物からの、それらの間の、そしてそれらの中の、距離の大小を判断することができます。しかし、端から他の端へと目を向けるならば、すべては同様に遠く見えることになるでしょう。このように、われわれが天空の星々を眺めるときには、比較的近くにあるいくつかの星々の運動と距離の相違を学ぶことができます。しかし、もっと遠くにある星々やとても遠くにある星々はわれわれには不動に見え、遠さに関しては同じように遠いように見えるのです。一本の木は、同じ半径〔視野〕の中にあるために、もう一本の木よりも近くに見えることがあります。そして、この点に関して違いがないときには、まったく同じに見えることがあります。しかし、それにもかかわらず両者の間には、異なった半径に属するがゆえにはるかに離れていると思われている木と木の間の距離よりも、もっと大きな距離があることがあります。同様に、ずっと小さな星がはるかに大きく見えることもあり、ずっと近くの星がはるかに遠く見えることもあります。次の図をご覧ください。〔図8〕目Oには星Aは星Bと同じに見えます。あるいは違ったものとして見えるとしても、たいそう近くにあるように見えます。そして、星Cは、たいそう異なった半径にあるので、はるかに遠くあるように見えます。しかし、実際には、それはずっと近くにあるのです。

　われわれはこれらの星々において運動を見ず、これらの星々は互いに遠ざかったり近づいたりするようには見えません。しかし、その理由は、これらの星々が近くにある惑星のように回転しないからではありません。実際、これらの星々に惑星と同じ遇有性が見られるのを妨げるいかなる理由もありません。また、ある物体が他の物体から力を獲得するためにその物体の回りを同じように回ることを妨げるいかなる理由もありません。それゆえに、これらの星々が恒星と呼ばれるのは、それらがわ

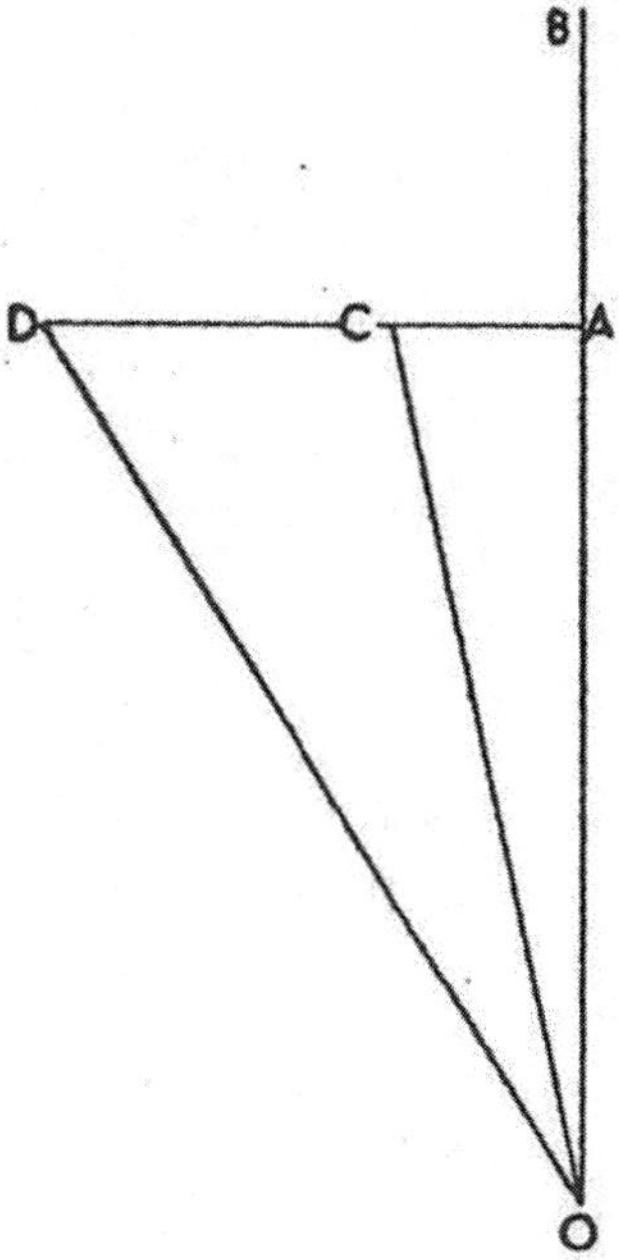

O, 目
OAB, *OC*, *OD*, 視線の長さ
AC, *AD*, *CD*, 幅

図8

われわれに対して、そして互いの間で、同距離を保つがゆえにではなく、それらの運動がわれわれには感覚不可能だからであるべきです。このことは、たいそう遠く離れた船の例からわかります。もしもこの船が三十ないし四十歩《パッシ》動いたとしても、まったく動かないのと同じように止まって見えることでしょう。それゆえに、遠く離れた巨大な輝く物体を考察する際には比例を考慮するべきです。これらの物体の中には、太陽と同じほど、あるいはそれ以上に、大きく輝くものが無数にあるかもしれないのです。これらははるかに大きいのですが、われわれはそれらの円周運動を見ることができないのです。したがって、これらの星々の中のいくつかにおいて相互の距離の変動があるとしても、それはたいそう長い観察を通じてしか知ることができません。しかし、このような観察は、いまだに着手されていません。なぜならば、誰一人としてこの種の運動を信じ、探求し、前提とした者はいないからです。周知のように、探求の始まりは、〔探求される〕物が存在すること、あるいは物が可能で適切であること、そしてそれから利益が得られることを知ることにあります。

プルデンツィオ　〈鋭い指摘だ(92)。〉

テオフィロ　さて、エーテル状の領域における天体のこのような配置は、ヘラクレイトスやデモステネスやエピクロスやピュタゴラスやパルメニデスやメリッソスによって知られていました。このことは、われわれが持っている彼らの著作の断片から明らかです。これらの断片からわかるように、彼らは、この世界と似た無数の諸世界の無限の空間、無限の領域、無限の森、無限の受容力を知っていました。これらの諸世界は、地球と同じように回転しています。それゆえに、それらは古代には〈エテラ〉、つまり唯一の最高者の偉大さの走者、飛脚、伝令、使者と呼ばれていたのです。それらは、無限の神性の生きた鏡として、自然の秩序ある構成を音楽の調和によって保っているのです。この〈エテラ〉という名前は、盲目的な無知によってこれらのものから奪われ、第五元素とかいうものに付与されました。そして、これらの蛍と灯火はまるで多くの釘のようにそこに固定されることになったのです。

これらの走者は、運動の内的原理として、固有の本性、固有の魂、固有の知性を持っています。というのも、〔内的原理は存在しないと仮定すると以下の不都合が生じるからです。すなわち、〕このように濃密で大きな機械を動かすには液状の繊細な空気だけではじゅうぶんでありません。その場合、それを動かすためには、引きつけたり、押したり、あるいはそれと類似の働きをする力が必要です。このような力は、少なくとも二つ以上の物体が接触することなしには生じません。その際に、これらの物体の一方がその端でもって押し、他方が押されることになるのです。このようなしかたで動かされるものはみな、明らかに、自らの本性に反した、あるいは自らの本性の外に運動の原理を持っています。つまり、暴力的な、あるいは少なくとも自然ではない原理を持っているのです。〔しかし、このようなことは、天体の運動には当てはまりません。〕したがって、この運動が内的原理と固有の衝動による自然なものであり、なんら抵抗を伴わないということは、存在する諸事物にとっても完全な原因から生じる結果にとっても都合が良いことなのです。このことは、押したり引いたりする他の物体と接触することなしに動く、すべての物体に該当します。したがって、磁石が鉄を、琥珀が麦藁を、琺瑯《ほうろう》が羽根を、太陽がヒマワリを引きつけると言う人たちは、転倒した考えを持っているのです。むしろ、鉄の中に感覚(それは、磁石から発散される霊的力によって覚醒するのですが)のようなものがあり、それによって鉄は磁石へと動きます。同様のしかたで、麦藁は琥珀へと動き、一般化して言うならば、欲望と欠乏を抱え込んでいるものはすべて欲望の対象となるものへと動き、それと同じ場所にあることを望むことからはじめて、可能なかぎりそれと一つになるのです。運動体の抵抗に勝る力を持った物に接触しないかぎり、いかなる物も外的な原理によって動かされることはないということから、さらに以下のことがわかります。すなわち、月が海の水を動かしたり、潮の満ち引きを引き起こしたり、液体を増したり、魚を増やしたり、牡蠣を大きくしたり、その他の結果を生じさせると、良識に対して主張することは、お目出度い馬鹿話であり、不可能なことなのです。なぜならば、適切な言い方をすると、月はこれらすべての印であり、原因ではないからです。それが印であり兆候である理由は、これらの出来事が月のある種の状態とともに見られ、他の反対で異なった出来事が月の反対の状態とともに見られるのは、諸事物の秩序と対応、および変化の法則(それは他の変化の法則と対応しています)から生じるからです。

スミス　この区別に関する無知のせいで、多くの本が似たような誤謬で満たされることになります。そこでは、多くの奇妙な哲学が教えられ、印や状態や偶有性であるものが原因と呼ばれています。これらの愚かさのなかでも際立ったものの一つが「鉛直方向からまっすぐに入射する光線はより大きな熱の原因であり、鋭角や鈍角で入射する光線はより大きな寒さの原因である」という主張です。しかし、その真の原因は、太陽が地球の上に留まる時間の大小という偶有性なのです。反射光線か入射光線か、鋭角か鈍角か、線が鉛直か傾いているか水平か、弧の大小、星位《アスペット》の相違は数学的な状況であり、自然の原因ではありません。幾何学の遊戯は自然の検証とは別物なのです。火の熱の大小は、線や角によってではなく、場所の遠近と滞留の長短によって作られるのです。

テオフィロ　見事な理解です。一つの真理がもう一つの真理を照らし出すのがよくわかります。それでは、問題の結論に向かうとしましょう。もしもこれらの巨大な物体が、欲求の対象である善という目的から動かされるのとは異なったしかたで、外部から動かされるとしたならば、それらは暴力的で偶有的なしかたで動かされるということになります。このことは、たとえこれらの物体がその際に無抵抗な力と言われているものを持っていてもそうなのです。ちなみに、真の意味で無抵抗なものとは自然の（生得の）ものであり、自然のものは（望むと望まないと）内的原理であり、それはおのずから物を適切な場所へと運ぶものです。それと反対に、外的な動者は労苦なしに動かすことはないでしょう。そして、それは必要でなくなり、余分なものになるでしょう。そして、かりにあなたがそれを必要なものであると望むならば、あなたは作用因を効果がないものとし、もっとも高貴な動者たちをそれらにまったくふさわしくないものの運動に従事させることになるでしょう。似たようなことは、アリやクモの行為はそれらに固有の賢慮や技芸によるのではなく、神的で不可謬な英知によると主張する人たちによってなされています。これらの英知がアリとクモに〈一例を挙げると〉衝動を与えるのです。そして、これらの衝動は、自然本能と呼ばれたり、他の無意味な名前を付けられたりしているのです。これらの知者たちに、この本能とは何か尋ねてごらんなさい。彼らは「本能」と繰り返すか、あるいはそれと同じように曖昧で馬鹿げた言葉を言うでしょう。この本能という言葉は、教唆する原理を意味し、第六感や理性や知性と同じぐらい通俗的な言葉なのです。

プルデンツィオ　〈あまりにも困難な質問である。〉

スミス　理解しようとせず、頑迷に誤謬を信じようとする人には、そうでしょう。――しかし、われわれのテーマに戻るとしましょう。「地球はたいそう大きく、密度が高く、重たい」という理由で地球の運動を困難とみなす人たちに何と答えるべきか、わたしは知っています。とはいえ、あなたの回答を聞きたいと思います。どうやらあなたはかなりの論客のようですから。

プルデンツィオ　〈わたしにはそうは思えない。〉

スミス　それは、あなたがモグラのように盲目だからです。

テオフィロ　こういうふうに答えるとよいでしょう。地球と同じことは、月や太陽やその他の無数の巨大な天体についても言えるが、われわれの論敵はこれらが度外れに大きな円を描いて急速に地球の回りを回っていると主張しているではないか、と。それにもかかわらず、論敵たちは、地球が二十四時間で自転し、一年で太陽の回りを回るのを、だいそれたこととみなしているのです。地球も他の天体も絶対的な意味では重くもなければ軽くもないということを、わかってください。これらの性質の違いは、宇宙の主要な物体と完全な個体には生じません。それが生じるのは、全体から分断された部分においてです。これらの部分は、自らを含んでいたものの外に見出され、いわば巡礼者のようなものなのです。それらは、鉄が磁石へと向かうように、自らを保持する場所へと向かいます。鉄は、磁石を求めて下や上や右といった決まった方向に行くのではなく、磁石があるあらゆる場所に行くのです。土の部分は空気からわれわれの方に来ます。なぜならば、土の圏域はここだからです。しかし、もしも土の圏域がわれわれと反対のところにあったならば、土の部分はわれわれから離れて、そこに向かうことでしょう。水や火についても同様です。水は、自らの場所にあるときは、重くありません。それは、深海にあるものに重くのしかかりはしません。腕や頭や他の四肢は、自らの胴体にあるときは、重くありません。自然に即して構成されたいかなるものも、自らの自然の場所にあるときは、暴力的な働きをすることはありません。重さと軽さは、自らの場所におり自然の状態を保っている物においては実際に見られません。それらが見られるのは、自らに適した場所へと向かおうとしてある種の衝動を持つ物においてなのです。ですから、あるものを自然において重いとか軽いとか呼ぶのは不条理なことです。これらの性質は、自然の状態にあるものには該当せず、自然の状態の外にあるものに該当するのですから。このことは圏域全体にはけっして生じませんが、圏域の諸部分には時として生じることがあります。もっともこれらの部分は、われわれの観点から見て異なった場所へと向かうのではなく、その中で自らが保たれる圏域へと向かうのです。それゆえに、もしも土の下に別の種類の物体があるとしたら、土の部分はその場所から自然に上昇することでしょう。そして、もしも火花が(通俗的な言い方をすると)月の凹面にあるとしたら、地球の凸面から上昇するのと同じ早さで、それは下降することでしょう。同じように、水は、もしも空間が与えられれば、地球の中心まで落ちるし、また地球の中心から地球の表面まで上りもするでしょう。同様に、空気もあらゆる異なった場所に同じようにたやすく動くのです。それでは、重さと軽さは何を意味しているのでしょうか。火が自らを養い守るに適した物体に点火するために下降したり、他の方向に行ったりするのを見ないでしょうか。ですから、自然なものはみな自在であり、自然な場所と運動はみなふさわしいものなのです。このような自在さをもって、自然に動かない物は自らの場所に留まり、自然に動く他の物は自らの空間を歩むのです。そして、前者が強制的に自らの自然に反して運動するように、後者は強制的に自らの自然に反して留まるのです。――したがって、留まっていることが地球に自然に適しているとしたならば、その運動は強制的で、自然に反し、困難なものになることでしょう。けれども、そう考えたのは誰でしょうか。そう証明したのは誰でしょうか。共通の無知、思想と理性の欠如です。

スミス たいへんよくわかりました。自らの場所にある地球は、自らの場所にある太陽や自らの圏域にある主要な物体(たとえば水)よりも重たくないのですね。そして、これらの物体は、自らの圏域から分断されたときに、あらゆる場所や位置から自らの圏域へと動くのですね。それゆえに、われわれは、われわれの観点から、それらは「軽さに劣らぬ重さ」「重くて軽い」「無差別である」と呼ぶことができるでしょう。彗星やその他の燃える物体についても同様です。それらは燃える物体から炎を後ろに送り出す時があります。それゆえに、それらは「髪の毛のあるもの」と呼ばれます。また、われわれのほうに炎を送り出す時があります。それゆえに、それらは「髭のあるもの」と呼ばれます。また、わきのほうへと炎を送り出すことがあります。それゆえに、それらは「尻尾のあるもの」と呼ばれます。空気は一般的な包み込むものであり、球体の諸物体を含む天空です。それは、すべての部分から出て、すべての部分に入り、すべてに浸透し、すべてへと拡散します。したがって、地球は重く濃密で冷たい物体だから止まっていなければならないという人たちの議論は空しいものなのです。

テオフィロ　すばらしい。あなたはたいそう有能で、わたしから労を取り除いてくれました。あなたが理解した原理は、通俗的な哲学者たちのもっとも強力な議論にも回答することができるものです。そして、あなたは自然の深奥を見極めたのです。

スミス　他の質問に至る前に、いま知りたいのは次のことです。太陽は火の真の要素であり、第一の熱ですが、なぜそれが地球も含む惑星の真ん中に固定されているのですか。感覚的な経験から知る限り、太陽が他の惑星よりも動くほうが本当らしく思われますが。

テオフィロ　その根拠を言ってください。

スミス　土の部分は、自然にであれ強制的にであれ、どこにあろうとも動きません。同様に、水の部分は、海や川や他の活発な容器の外では止まっています。それに対して、火の部分は、竃のくぼみに閉じ込められて上昇することができないときには、回りに広がり回転し、押さえることができません。ですから、もしもこれらの部分から信憑性のある議論をするとなると、運動は地球(土)よりも火の要素である太陽に適することになるのです。

テオフィロ　このことについては、以上の理由から太陽が自らの中心の回りを回ることを認めることができると、第一に答えましょう。しかし、太陽が他の中心を回ることはありません。というのも、周囲にあるすべての天体が、太陽を必要とする度合いに応じて(太陽ももしかするとそれらを必要とするのかもしれませんが)、その回りを回るだけでじゅうぶんだからです。第二の答えは、太陽の要素は、第一の熱の基体であり、土と同じように濃密で部分において異なっている物体であるということです。ですから、われわれが動いているのを見るのは、「炎」と呼ばれる点火された空気なのです。それはちょうど、同じ空気が土の霊気によって変容したときに「蒸気」と呼ばれるのに似ています。

スミス　このことは、わたしの主張を確証する手段になるように思われます。というのも、蒸気はゆっくり動き、炎と揮発物はたいそう速く動きます。したがって、火により多く似た空気のほうが土により多く似た空気よりも動的なのです。

テオフィロ　その理由は、この領域は火と正反対の性質を持った物体に適しているために、火はこの領域から必死になって逃げようとするからです。それはちょうど、もしも水や水蒸気が火の領域やそれと似た場所にあったならば、揮発物よりも速く逃げるようなものです。揮発物は、火と反対の別のものではなく、火を分ち持ち火と同質のものだからです。この答えでじゅうぶんでしょう。太陽の運動と静止についてのはっきりした結論は、ノラの人の考えには見つからないのですから。竈のくぼみに閉じ込められた炎の運動について言えば、それは火の力が自らを増大させ養おうとして蒸気を持った空気を追いかけ、点火し、変化させることから生じます。その際に、蒸気を持った空気は、自らの存在の敵である矯正者から身を引き、逃れようとするのです。

スミス　あなたは蒸気を持った空気について話しました。純粋で単純な空気については何と言いますか。

テオフィロ　それは、同程度に、熱と冷の基体です。それは、冷によって濃密にされれば水分を受け入れ、水が熱によって薄められれば水蒸気や蒸発物を受け入れるのです。

スミス　摂理と目的因を持たないものは自然の中には存在しないので、地球の場所的運動の原因についても、あなたに教えていただきたいです。あなたはたいへんわかりやすく説明してくださったのですから。

テオフィロ　この運動の原因は、この物体の更新と再生です。それは、同じ状態では永遠にあり続けることができないのです。それはちょうど、〔通俗的な言い方をすると〕数においては〔個体として〕永遠であることができないものが種において自らを永遠のものにし、同じ外見のもとでは永遠に続くことができないものが顔を変えるようなものです。なぜならば、諸事物の実体である質料は破壊されることがないからです。質料は、すべての部分において、すべての形相の基体でなければなりません。それは、質料がすべての部分において〔可能な限り〕すべてになり、すべてであるためです。このことは、同じ時間や永遠の瞬間においては無理ですが、少なくとも異なった時間において、永遠の多様な瞬間において、継続的に有為転変を通じて可能なのです。というのも、質料全体はすべての形相を同時に受け入れることができるとしても、質料の各々の部分がすべての形相を一緒に受け入れることはできないからです。それゆえに、〔地球という〕この丸い星を構成する塊全体には死と分解はふさわしくなく、それは本性上破滅できないものです。したがって、それは、時をかけて、特定の秩序にしたがって、自らを更新し、そのすべての部分を変化させるのです。このことは、順を追って、各々が他のすべてのものの場所を占めることによってなされます。というのも、そのようにしないと、分解可能なこれらの物体は、(われわれのような特殊で小さな動物に起きるように)実際に分解してしまうことがあるからです。しかし、これらの物体は(プラトンが『ティマイオス』で信じていることをわれわれも信じるならば)、第一原理によって「あなたたちは破壊可能だが、破壊されることはない」と言われているのです。したがって、星の中心や内部にありながら、その周辺や外部にはないものはありません。外側や外部にありながら、内側や内部にときとして現れないものはありません。このことは、われわれが日々経験していることから明らかです。大地の奥深い場所に集まられているものもあれば、そこから外へと送り出されるものもあります。われわれやわれわれに属するものも、行ったり来たり、出たり入ったりしています。他人のものにならないわれわれのものはなく、われわれのものにならない他人のものはありません。われわれが持っているものはみな、時にはわれわれのものでなくなります。われわれのものはみな、時にはわれわれが持たないものになります。(このことは、もしも質料が一つならば、一つの類に、もしも質料が二つならば二つの類に該当します。というのも、われわれが霊的と呼ぶ実体と質料は、われわれが物体的と呼ぶ質料に変化し、その逆もあるということの真偽についてはまだ定まっていないからです。)したがって、すべてのものは、その類において、支配と隷属、幸福と不幸、われわれが生と呼ぶ状態と死と呼ぶ状態、光と闇、善と悪の、すべての有為転変のもとにあるのです。質料という実体を除いて、永遠に存在することが生来ふさわしいものは存在しません。そして、質料もまた永遠の変容のもとにあるのがふさわしいのです。実体を超越した実体については、いまは話しません。われわれの永遠の養い親にして母である、この偉大な個体〔地球〕についての個別の議論に戻るとしましょう。あなたは、その場所的運動の原因を尋ねました。私の答えは、場所的運動（それが全体的なものであれ、部分的なものであれ）の原因は有為転変という目的であるということです。それは、単にすべてのものがすべての場所にあるためだけでなく、この手段によってすべてのものがすべての状態と形相を持つためでもあります。それゆえに、場所的運動が他のすべての変容と形相の原理とみなされたのはもっともです。これがなければ、他の運動は存在できないのですから。――アリストテレスは、地球のすべての部分にある状態と質に即した変化に気づくことができました。しかし、それらの原理であるあの〔地球の〕場所的運動は理解しませんでした。とはいえ、『気象学』の第一巻の終わり(93)において、彼は預言するかのように次のように語りました。彼自身時には自分の言葉を理解しておらず、ぎこちない足取りで歩きながら、自分の誤謬の一部をつねに神的狂気に混ぜながら、彼は主要な点についておよそ真実を語っています。それでは、彼の言葉の中で真実であり考察に値するものを検討するとしましょう。そして、それについて彼が知らなかった原因を示唆することにしましょう。彼はこう言っています。「地球の同じ場所がいつも湿っていたり乾いていたりするわけではない。むしろそれらは、川が生まれたり消滅したりすることによって変化する。それゆえに、かつて海であったり、いま海であるものが、いつも海であったわけでも、将来も海であるわけでもない。将来大地になったり、かつて大地であったものが、つねに大地であるわけでも、大地であったわけでもない。むしろ、ある種の有為転変によって、定められた周期を秩序正しく守りながら、あるもののところに他のものが取って代わり、また反対のことが起こると信じるべきである。」そして、もしもアリストテレスにこのことの原理と原因を尋ねるならば、彼は次のように答えます。「地球の内部は、植物や動物の肉体のように、成熟し、老化する。しかし、地球とこれら他の肉体との間には以下の相違がある。他の肉体は、全体として、同じ時間に、すべての部分において、成長し、成熟し、衰退する(アリストテレスの言い方をすれば、完成され、老化する)。しかし、地球においては、それは部分ごとに生じる。それは、増大と衰退を引き起こす冷と熱の交代を伴うが、この交代は太陽の回転に従い、それによって地球の諸部分は異なった状態と力を獲得するのである。その結果、水を持った場所は一定期間そのままであり続けるが、その後乾燥し老化する。別の場所は活性化され、部分的に水につかるのである。このことによって、泉は消滅し、小さな川は大きくなり、大きな川は小さくなり、ついには乾いてしまう。そして、川が消滅すると、その必然的な結果として、沼がなくなり、海が変化する。しかし、このことはゆっくりと長い時間をかけて地球の回りで生じるので、数世代のスパンではほとんどわからない。というのも、われわれがたいそう長い動乱の時代を通じてこれらのことについて始めから終わりまで憶える前に、すべての民族の時代は終わり、その記憶は忘れ去られ、荒廃と無人化、戦争、疫病、洪水、言語と文字の変化、場所の移住と不毛によって、巨大な破壊と変容が訪れるからである。この巨大な変容は、古代エジプトを見るとよくわかる。ナイルの港はすべて(カノペの河口を除いて)人工であった。メンフィスの居住地は、高地の後に低地に作られている。アルゴスとミケーネもこの変容を示している。トロイア戦争の時代には、前者は沼地であり、わずかな人しか住んでいなかった。ミケーネはずっと土地が肥えており、はるかに多くの名声を享受していた。しかし、われわれの時代には、すべてが反対である。ミケーネは乾燥し、アルゴスは温暖で豊かな地になったのだ。さて、これらの小さな場所で起きたのと同じことは広い地域全体でも起きたと考えるべきである。実際、最初は水に覆われていた多くの場所は大陸となり、多くの場所は海になったのである。」これらの変容が少しずつなされるのは、アリストテレスが述べた例のほかにも、海からたいそう離れた高山の浸食からもわかります。それらは荒れ狂う波の跡をいまだになまなましく示しているのです。このことは、ノラの殉教者フェリーチェの物語からもわかります。この物語によれば、彼の時代（およそ千年前のことです）には海は市の城壁の近くにあったのです。その場所にはいまも「港《ポルト》」という名を持つ寺院があります。海は、いまはそこから一万二千歩《パッシ》離れているのです。同じことは、プロヴァンス全体にも見られます。平野に散乱するすべての石が、この地がかつて波に晒されていたことを示していま す。フランスの気候はカエサルの時代から少ししか変わっていないとお思いですか。当時はフランスには葡萄に適していない場所がありました。いまやフランスは、他国と同じほど美味なワインを生産しています。そして、フランスの最北の土地からも葡萄が収穫されるのです。今年、わたしはロンドンの果樹園の葡萄を食べました。それはフランスのいちばんまずい葡萄にも劣るものでしたが、それに類するものはいままでイギリスで採れたことはないとの話でした。――地中海は、（わたしが自分の目で見たように）フランス全体とイタリアのいくつかの地域を以前よりも乾燥させ熱しながら、北アフリカの方に近づいています。このことから帰結されることは、イタリアとフランスがますます熱くなり、ブリテン島が温暖になることによって、これらの地域の様相は変わるということです。なにしろ寒気は北極のほうに向かって減少していくのですから。もしもあなたがアリストテレスに「なぜこのことが生じるのか」と尋ねるとしたら、彼は「太陽と回転運動からだ」と答えることでしょう。

この言葉は、混乱し難解であるとはいえ、それ以上に神的で高貴で真なるものです。しかし、彼はいかなる立場から語っているのでしょうか。哲学者としてでしょうか。いいえ。むしろ預言者としてです。あるいは、理解はしたが言う勇気がない者としてです。もしかすると彼の立場は、見ているが、自分が見ていることを信じない者の立場かもしれません。あるいは、自分の理論とは別の理論を認めるように誰かに強制されることを恐れて、信念を語るのを躊躇する者の立場かもしれません。彼は語りながらも、それから先を知りたい者に対しては口を閉ざします。もしかすると彼はこの手法を古代の哲学者たちから学んだのかもしれません。彼が言うには、熱と冷、乾と湿は地球のすべての部分で増大したり減少したりします。地球ではあらゆるものが更新され、維持され、老化し、消滅するのです。そして、このことの原因を提示しようとして、彼は「〈太陽と回転によって〉」と言うのです。それでは、彼はなぜ「〈太陽の回転によって〉」と言わないのでしょうか。それは、「太陽は自らの動きによってこの相違を引き起こすことはできない」ということは、彼にとっては確定したことであり、彼の時代の彼と同じ気質の哲学者たちによって認められたことだったからです。というのも、黄道面は赤道面から傾いており、太陽は永遠に回帰線上の二点の間にとどまり、その結果、地球の他の部分が熱せられることは不可能であり、気候の区域は永遠に同じ状態であり続ける、と考えられていたからです。なぜ彼は「他の諸惑星の回転によって」と言わなかったのでしょうか。惑星はすべて(いくつかはわずかばかり逸れるとしても)「惑星の通り道」と呼ばれる獣帯の境界内でのみ運動することが、すでに確定していたからです。なぜ彼は「第一動者の回転によって」と言わなかったのでしょうか。日周運動以外の運動を知らず、彼の時代には、惑星の遅速運動に似た運動に少し疑念が抱かれていたからです。なぜ「天の回転によって」と言わなかったのでしょうか。それがいかなるものか、言うことができなかったからです。なぜ「地球の回転によって」と言わなかったのでしょうか。地球が不動であることを前提としていたからです。それでは、なぜ彼は発言したのでしょうか。自然の結果から読み取ることができる真理に強制されたためです。したがって、「太陽と運動によって」という答えが残るのです。「太陽によって」という理由は、太陽は、生命の力を拡散し伝達する唯一のものだからです。「運動によって」という理由は、太陽が他の諸天体へと動くか、あるいは他の諸天体が太陽へと動くことがなければ、足りないものを受け取ったり、持っているものを与えたりすることは不可能だからです。それゆえに、運動が存在しなければなりません。そして、それは部分的であってはなりません。むしろ、運動は特定の部分を更新するその理由を他の部分にももたらすのです。その結果、これらの部分は、同一の状態と本性を持つものとして、同一の受動的能力を持ち、それには(自然が不当でなければ)能動的な能力が対応するのです。——こういったわけですから、太陽とすべての星々が地球の回りを回るという理由は、貧弱です。むしろ、その反対に、地球が宇宙に対して回転し、一年間をかけて太陽の回りを回り、規則正しい順序に従いつつ様々なしかたで、火の生きた要素である太陽へとすべての側面を傾ける、と考えたほうがよいのです。特定の目的と切迫した機会なしに、地球よりも大きな多くの世界である無数の星々が、地球に対してこのように強制的な関係を持つというかなる理由も存在しません。極が震え、世界の軸が震動し、宇宙の四方位がぐらつき、存在し得る限りの無数で巨大で偉大な天体が揺さぶられ、回転させられ、ねじ曲げられ、ばらばらにされ、自然に反して分岐されるというのに、地球が、唯一の重たく冷たい天体として、〔鋭敏な光学者と幾何学の証明に従えば、きわめて拙いしかたで〕中心を占める、という理由は存在しません。地球が、実体と質料においても、あるいは位置においても、天空に輝く別の星と異なると証明することはできません。というのも、もしもこの〔地球という〕物体がそれを取り巻く空気によって魅せられることがあり得るならば、他の星々もそれらの周囲の空気に同じように魅せられることになるからです。またもしもこれらの星々がまるで自らの魂と自然に従うかのように内発的に空気を分けながら何らかの中心を回ることができるならば、地球もそれに劣らずそうすることができるでしょう。

スミス　この点を前提として議論を進めることにしましょう。というのも、〔星々の〕灯火が板に釘づけられて並んでいるよりも、地球が必然的に動くほうが確実であるとわたしには思われるからです。もっとも、このことを理解していない人たちについて言えば、別のテーマを論じる際にこのことに余談として触れるよりも、このことを主題にしたほうが、はるかに有益だと思います。こういうわけですので、よろしければ、地球に適した運動について詳しい説明をしてください。

テオフィロ　喜んでそうしましょう。というのも、この余談のせいで結論があまりにも長く引き延ばされかねませんから。結論は、以下の必然的な事実に依拠しています。すなわち、地球のすべての部分は、順を追って、太陽に対してすべての位置と関係を分ち持ち、すべての様態と特質を持つという事実です。さて、この目的のためには、地球の運動が特定の有為転変を蒙ることが適切で必要です。このことによって、冷が熱に、熱が冷に取って代わります。温暖で住みやすい場所がさして温暖でなく住みやすくない場所になり、あるいはその反対のことが生じます。要するに、あらゆる部分は、太陽に対して他のすべての部分が持つあらゆる関係を持つことになるのです。それは、あらゆる部分があらゆる生命、あらゆる生成、あらゆる幸福を分ち持つためです。第一に、地球は、自らの生命とその中にあるものどもの生命を維持するために、また熱と冷、光と闇の日々の交替を伴うある種の呼吸を行うために、二十四時間という等間隔で自らの中心を回り、自らのすべての表面を可能な限り太陽に晒すのです。第二に、地球全体は、その表面で生き死にするものどもを再生させるために、三百六十五と四分の一日をかけて、光り輝く太陽の回りを回ります。そして、黄道の四つの点からこれらのものどもの生成、成長、成熟、衰退を告げるのです。第三に、時代の更新のために、地球は別の運動を分ち持つことになります。この運動によって、地球のこの北半球が宇宙に対して持つ関係は南半球によって引き継がれ、またその逆が起こります。第四に、地球の様相と性質を変えるために、地球には必然的に別の運動がふさわしいのです。この運動によって、地球のこの頂点が北極の近くの点に対して持つ方位は、南極の近くの反対の点に対するもう一つの頂点の方位と交換されるのです。第一の運動は、地球の分点が同じ所あるいは同じ所の近くに戻ることによって測定されます。第二の運動は、黄道（つまり太陽の回りの地球の軌道）の想像上の点が同じ所あるいは同じ所の近くに戻ることによって測定されます。第三の運動は、水平線の代わりとなる地球の赤道が宇宙に対して様々に位置を変えながら占める場所によって測られます。それは、同じ線あるいはそれに相応する点が同じ位置に戻ることによって完了するのです。第四の運動は、地球の極点の移動によるものです。極点は、ある子午線に従って、もう一つの極を通過して、同じ場所あるいは最初にあった場所の近くに戻るのです。さて、以上の点について考慮すべきは、四つの運動とわれわれが呼ぶにもかかわらず、これらはすべて一つの複合的な運動を作り出す、ということです。これら四つの運動について考察を進めましょう。第一の運動は、自然の一日において、世界の極と呼ばれているものの上にあるあらゆるものは地球の回りを回るように見えることから、帰結されます。第二の運動は、太陽が一年をかけて獣帯全体を回ることから帰結されます。一日で進むのは、プトレマイオス〔『アルマゲスト』第三巻〕によれば、五九分、八秒、一七テルツォ〔六十分の一秒、以下同様に単位が下がる〕、一三クアルト、一二クイント、三一セストであり、アルフォンソ(94)によれば、五九分、八秒、一一テルツォ、三七クアルト、一九クイント、一三セスト、五六セッティモであり、コペルニクスによれば、五九分、八秒、一一テルツォなのです。第三の運動は、第八天球が宮の順序に従って、日周運動とは反対方向に、獣帯の極の上をたいそうゆっくりと動くことから帰結されます。それは、二百年に一度二八分しか動かず、九万八千年で回転し終えるのです。この運動の原理は、第九天球に帰せられます。第四の運動は、第九天球の凹面にあると言われている二つの等しい円の上で、獣帯の牡羊座の始めと天秤座の上で、第八天球が行う振動を伴った前進と後退から帰結されます。第八天球の黄道はいつも同じ点で赤道を横切るのではなく、交点はある時は牡羊座の上に、ある時はそれを越えて赤道のあれこれの部分になければならないからです。また、獣帯の最大の傾斜は、いつも同じであるわけではないと考えられています。その結果、はるか以前から実際に見られていたように、昼夜平分点と至はたえず変化するようになるのです。

以下のことを考えてください。〔第一に〕四つの運動と言いましたが、これらは一つの複合体を形成しているということに留意してください。第二に、これらの運動を円運動と呼びましたが、これらのどれ一つとして本当に円であるわけではありません。第三に、多くの人たちがこれらの運動の真の規則をみつけるために労力を費やしましたが、それは無駄であり、今後も無駄であることでしょう。なぜならば、これらの運動のどれ一つとして規則的でなく、幾何学的なヤスリを受け入れないからです。したがって、四つの運動（すなわち、地球における場所的変化の相違）があり、それ以上でもそれ以下でもありません。そして、その中の一つが不規則であると、必然的に、それは他の運動を不規則にするのです。

このことを、空気に投げられたボールの運動をもとに示すとしましょう〔図9参照〕。第一のボールは、中心とともに、AからBに動きます。第二に、ボールは、中心とともに上から下へ、下から上へと動きながら、自らの中心の回りも回り、点Iは点Kの場所に動き、点Kは点Iの場所に動きます。第三に、ボールは、ゆっくりと回転しながら、行ったり来たりする運動の速度を増したり減速したりしながら（高く上がっているボールは、最初は早くその後は遅く動きます。このボールが下へと向かうときには、その反対になります。ボールが上がったり落ちたりする中間の距離では中間の速度で動きます。）、1、2、3、4で記されている円周の半分の位置を、5、6、7、8で記されている別の半分の位置と取り替えることになります。第四に、この方向転換はまっすぐではありません。というのも、それは車輪とは違うからです。車輪の場合、重さのモーメントが存続する回転の勢いで回りますが、この方向転換は斜めに傾きながらなされるのです。というのも、それは、すべての方向に容易く傾く球体に属するからです。それゆえに、点IとKは、同じ直線上でつねに入れ替わるわけではありません。それゆえに、長いか短いか、中断されるか連続的かの違いはありますが、この傾きは大きくなり、点Oが点Vを、点Vが点Oを占めることになるのです。これらの運動において、一つが不規則であるだけで、他の運動はみな規則的でなくなります。一つが知られていないだけで、他のすべての運動が知られなくなります。とはいえ、それらが多かれ少なかれ規則性に近づいたり遠ざかったりするしかたには、ある種の秩序があります。まずこれらの運動の中で、完全な規則性にもっとも近いという意味で、

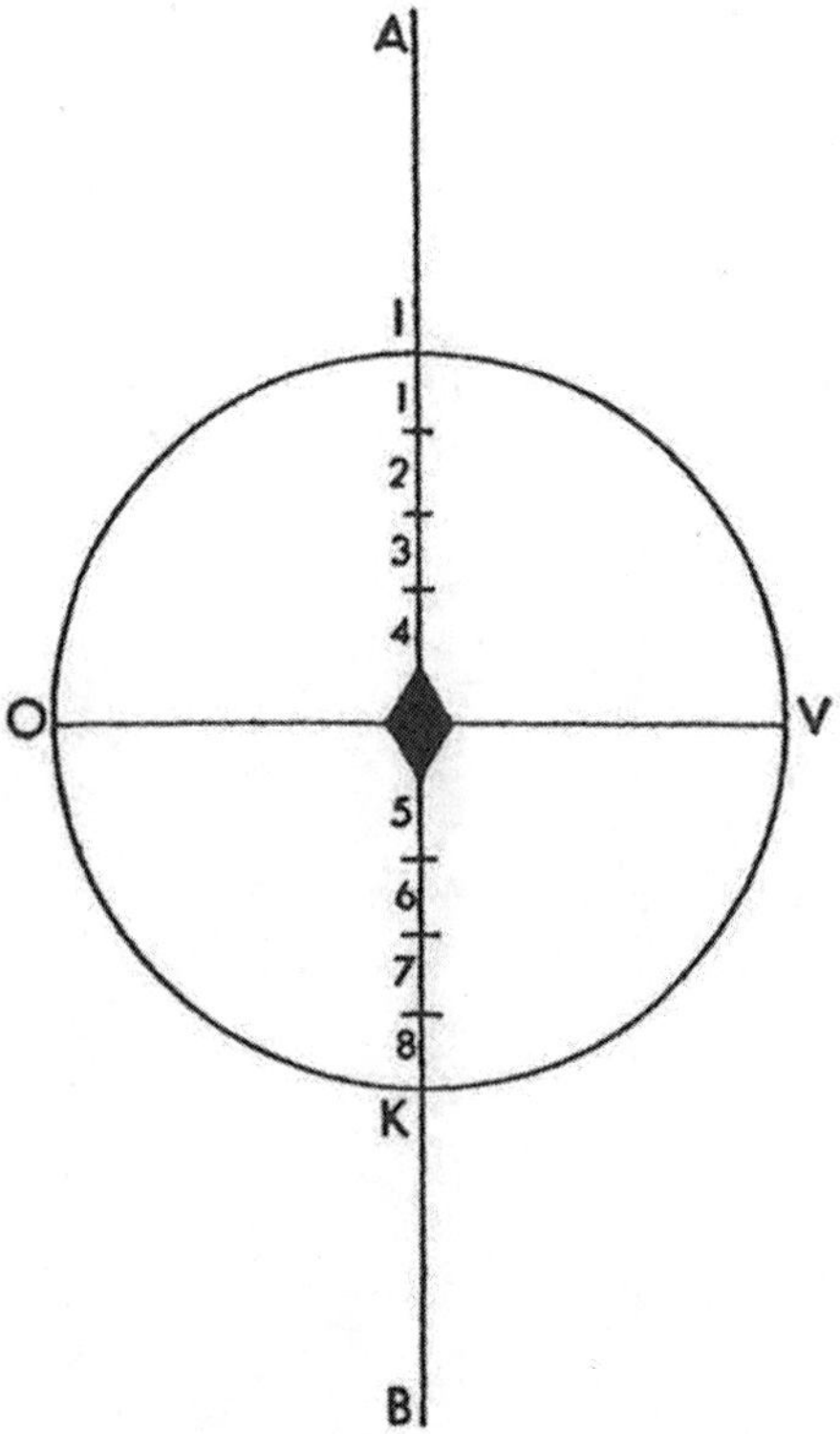

図9

より規則的なものは、中心の運動です。その次が、中心の回りの、直径に沿った、より速い運動です。三番目は、第二の運動の不規則性（それは速くなったり遅くなったりすることに存します）によって、半球のすべての様相を少しずつ変える運動です。最後のもっとも不規則で不確実な運動は、側面を変える運動です。それは時には前に進む代わりに後ろへ戻り、たいそう不安定なために、最後には反対側にある二つの点の位置を交換することになるのです。似たようなことは、地球にも当てはまります。第一の運動は、中心の運動です。それは、一年かけてなされ、すべて運動の中でもっとも規則的なものです。第二の、規則性においていささか劣る運動は、日周運動です。第三の不規則な運動は、半球的運動と呼ばれています。第四のもっとも不規則な運動は、極のあるいは分至経線の運動です。

スミス　ノラの人がどのような秩序と規則を使ってこれらの運動をわれわれに理解させることができるのか、知りたいものです。

プルデンツィオ　〈いかなる方法だろうか。われわれはいつも新しい理論を必要としているのか。〉

テオフィロ　プルデンツィオさん、心配しないでください。古き良きものは破壊されることはないでしょう。スミスさん、『地獄の煉獄』というノラの人の対話をあなたに送りましょう。あなたはそこに、贖罪の果実を見ることでしょう。フルッラさん、われわれの会話を秘密にしてください。そして、われわれが批判した人たちの耳にはいらないようにしてください。さもなければ、彼らはわれわれに対して怒り、われわれが彼らをぞんざいにあしらい彼らを罰することになる、新しい機会を提供することになるでしょう。プルデンツィオさん、結論はお任せします。ただし、われわれ四人の対話の道徳的な結末だけをお願いします。聖灰日の晩餐が提供した思弁的な部分に関してはすでに結論が出ているのですから。

プルデンツィオ　ノラの人よ、（あなたに命を与え、あなたが崇拝する）最高の無限の一性にあなたが抱く希望にかけて、（あなたを守護し、あなたが讃える）卓越した神々にかけて、（あなたを守り、あなたが信頼している）あなたの神のような才能にかけて、あなたにお願いします。卑しく不名誉で野蛮で卑劣な会話を避けてください。さもなければ、あなたは怒りと憎しみの的になり、神々における皮肉屋モムスや人間における人間嫌いティモンになることでしょう。いまは、光輝ある寛大な心の持ち主であるモーヴィシエール卿のもとに留まりなさい。（彼の庇護の下であなたは荘厳な哲学を刊行し始めているのですから。）そうすれば、あなたは、星々やきわめて大きな力を持つ天の神々に導かれて、遠くから似たような獣の群れを静観する場所に至ることができるかもしれません。そして、雷神ユピテルの錫杖にかけて、プリアモスの有名な礼節にかけて、クイリヌスの元老院と人民の度量の大きさにかけて、灼熱のエチオピアで神々が行う酒宴にかけて、あなたがた身分の高い方々にお願いします。もしもノラの人が、奉仕したり喜ばせたり好意をみせたりするために、あなたがたの家に夜を過ごしに来るとしたら、似たような出会いがないようにしてください。そして、もしも彼が夜帰宅せざるを得ないときには、五十や百の松明で彼の供をすることができないとしても（もしも彼がカトリック教会の地で死ぬならば、たとえ彼が日中に歩くとしても、これらの松明は欠けてはならないでしょう[95]）、少なくとも一つの松明で供をしてください。もしもそれも無理ならば、獣脂の小さなロウソクの入ったランプを用意してください。そうすれば、われわれは、彼があなたがたの家から無事に帰ったことについて話すじゅうぶんな材料を、いまとは違って、持つことができるでしょう。

ヌンディニオ博士とトルクアート博士には、食人種たちの食事にかけて、犬儒学派アナクサルコスのモルタルにかけて[96]、ラオコーンの度外れに大きな蛇にかけて、聖ロッコの恐るべき傷にかけて、〈お願いします〉。（もしもあなたがたが最後の審判の日に地獄の底にいるならば）あなたがたを育てたあなたがたの野卑な教師を呼んでください。また、あなたがたに議論のしかたを教えたもう一人の無知なロバの王を呼んでください。そうすれば、あなたがたが無駄に費やした金銭や時間や脳みその償いを彼らにさせることができるでしょう。傲慢なテームズ川の波を櫓で打つロンドンの漕ぎ手たちに、二つの有名な川の名になったエヴェヌスとティベリウスにかけて、パリヌルス[97]の名高い巨大な墓標にかけて、〈お願いします〉。われわれの金を受け取って、われわれを港まで導いてください。そして、卑しい民の野卑な傭兵たち、凶暴な戦士たちよ、トラキアの女たちがオルフェウスにした愛撫にかけて[98]、ディオメデスとセメレの兄弟に馬たちがした最後の奉公にかけて[99]、ケペウスの盾の石化する力にかけて[100]、お願いします。異国人や旅行者に会ったとき、あの険悪で恐ろしい表情を控えることができないとしても、少なくとも殴りかかるのはやめてください。まとめて全員にお願いします。ある人たちにはミネルヴァの盾と槍にかけて、ある人たちにはトロイの馬の寛大な子孫にかけて、ある人たちにはアスクレピウスの尊敬すべき髭にかけて、ある人たちにはネプトゥルヌスの三つ又の鉾にかけて、他の人たちには雌馬たちがグラウクスにした口づけにかけて[101]、お願いします。次に会うときには、もっと上手に対話をして、われわれにあなたがたのことを教えてください。さもなければ、黙っていてください。

訳注

(1)エリザベス女王のこと。
(2)一五二〇年、フランスのモーヴィシエールに生まれる。一五七五年から一五八五年までフランスの駐英大使。一五九二年没。ブルーノはイギリス滞在中に、一五八三年春から一五八五年十月まで彼の邸宅に滞在し、彼がフランスへ帰国するのに伴ってイギリスを去った。
(3)古代ギリシャの学派。樽の中に住みながら、アレクサンドロス大王の前に臆することがなかったディオゲネスが有名である。ブルーノは、「序としての書簡」の中で自らをディオゲネスに例えている。ディオゲネスは、ブルーノにとって、貧困と歯に衣を着せぬ自由な語りの両方を体現していた。
(4)『旧約聖書』「箴言」二二、八参照。
(5)アハシュエロスとは、『旧約聖書』「エステル記」に登場するペルシャの王クセルクセスのこと。レンブラントに「アハシュエロス、ハマンとエステル」(一六六〇年頃)という有名な絵がある。
(6)リカオンは、ゼウスに人肉を食べさせようとして罰せられた(オヴィディウス『変身物語』一、二一六—三一参照)。
(7)ギリシャ神話で、ティエステスは、兄アトレウスに騙されて、自らの息子の肉を知らずに食してしまった。このことが、アガメムノンにまつわる一連の悲劇につながった。

（8）本書第三対話冒頭におけるヌンディニオ博士の描写を先取りしている。

（9）Sir Fulke Greville（1554-1628）は、詩人であるとともに、フィリップ・シドニーの友人にして伝記作家としても知られている。彼は、ブルーノの英国滞在の初期において、彼を庇護したが、後に彼から距離を置くことになった。

（10）トロイの英雄ヘクトルの息子アスティアナクスがトロイを占領したアカイア人たちによって城壁から投げ落とされたことに対する暗示。

（11）パリ滞在中のブルーノの庇護者であったフランス国宝アンリ三世のこと。

（12）スミスは、イタリア文化に造詣が深いジョン・スミスという人物のことらしい。テオフィロは、ブルーノの代弁者。プルデンツィオは、フランチェスコ・ベッロの喜劇『衒学者』（一五三二年）の主役と同名の衒学者である。フルッラは、「取るに足らないもの」という意味を持つ。

（13）プラトン『饗宴』181B 以下参照。

（14）『イザヤ書』一、三。

（15）ブルーノの論敵であるオックスフォードの二人の博士にはロバの耳が二つついているという皮肉。

（16）キケロ『義務について』一、二、七参照。

（17）十五世紀フィレンツェの風刺詩人ブルキエッロのソネットからの引用で、反古典主義的な立場を主張している。

（18）引用された詩句は、十五世紀のフィレンツェ生まれの詩人ルイジ・プルチの詩に手を加えたものである。

（19）ブルーノがパリ滞在期に書いた記憶術の著作『三十の印の説明』と『イデアの影』への暗示。

（20）エリザベス朝の詩人にして政治家であったファルク・グレヴィル卿のこと。彼は、フィリップ・シドニーとも親しく、ブルーノとも交流があった。

(21) John Florio と Matthew Gwinne のこと。

(22) セネカ『オエディプス』二九五―六、三〇一―二。

(23) セネカ『メデア』三〇一―三〇四。

(24) セネカ『メデア』三七五―三七九。

(25) セネカ『メデア』三二九―三三九。

(26) アリオスト『狂えるオルランド』三五、一―二。

(27) タンシッロ、Vendemmiatore18, 19 からの引用。

(28) 『カトーのディスティカ』三、二及び二、二九からの引用。

(29) 同書四、二三。

(30) エラスムス『格言集』一、八、五二及び二、四、七六の言葉を自由に使った表現。

(31) 『ヨブ記』一二、一三。

(32) 同書一二、一三。

(33) エウドクソスは、前四世紀の数学者にして天文学者。カリッポスは前四世紀末に活躍した天文学者。ヒッパルコスは、前二世紀の天文学者。メネラオスは、アレクサンドリアのメネラオスのこと。九八年にローマで活動したため、コペルニクスによって「ローマ人」と呼ばれた。ムハンマド・アルバターニーは九世紀から十世紀にかけて生きた天文学者で、彼の著作は一五三七年にニュールンベルクではじめてラテン語で刊行された。なお、これらの天文学者たちの列記は、コペルニクスの『天体の回転について』の記述をもとにしているが、ブルーノはそれに若干の変更を加えている。

(34) アリストテレス『気象学』一、三参照。
(35) アリストテレス『形而上学』一二、八及び『分析論後書』一、三三参照。
(36) 紀元前二世紀の古代ギリシャの文法学者。
(37) ウェルギリウスの『牧歌』と『アエネーイス』からの混乱した引用。
(38) 舞台はグレヴィル邸に移っている。
(39) John Florio (1553-1625) のこと。彼はトスカーナ出身の父を持ち、ロンドンに生まれた文人で、伊英辞典の作成やモンテーニュの『エセー』の英訳などを手がけた。
(40) ブルーノに相当する英語名 Brown のことを指すと思われるが、人物は不詳。
(41) Thomas Sackville, Lord Buckhurst (1536-1608)。英国の文化と政治において重要な人物。
(42) アリオスト『狂えるオルランド』の登場人物。
(43) ウェルギリウス『アエネーイス』六、四一二—四一三
(44) ペトラルカ『カンツォニエーレ』一〇二。
(45) アリオスト『狂えるオルランド』八、七六。
(46) アリオスト『狂えるオルランド』二七、一一七。
(47) ユウェナリス『風刺詩』三からの抜粋。
(48) フォレンゴの諧謔詩『バルドゥス』一一をもじっている。メルリン・コカイとはフォレンゴの偽名。マフェリーナとは、悲劇のムーサであるメルポメーネのこと。
(49) タンシッロのソネットからの引用。

(50)M・A・エピクロ『盲人譚』からの引用。
(51)ウェルギリウス『アエネーイス』六、七四四参照。
(52)ペトラルカ『ソネット』に類似した表現がある。
(53)アレティーノの『高級娼婦』に似たような表現がある。
(54)ウェルギリウス『アエネーイス』一、一九九。
(55)ウェルギリウス『農耕詩』一、一九七―二〇三。
(56)ウェルギリウス『農耕詩』一、一二一―一二四。
(57)エリザベスが戴冠されたのは一五五九年、本書が執筆されたのは一五八四年である。
(58)Robert Dudley (1532?-1588) は、エリザベス女王の寵臣であった。
(59)ダドリー伯の二番目の夫人 Lettice Knollys のこと。
(60)Sir Francis Walsingham (1532?-1590) は、一五七三年以降エリザベス女王の第一秘書であった。
(61)Phillip Sidney (1554-1586) は英国の高名な詩人であり、ブルーノととくに親交が深かった。
(62)アリオスト『狂えるオルランド』二三参照。
(63)『イザヤ書』六〇、六参照。
(64)『ルカによる福音書』二三、四六をもじっている。
(65)「従者の従者」は教皇の肩書きであった。
(66)ブルーノが執筆した『カンデライオ』に登場する衒学者。
(67)ホワイトホールの王宮のこと。

(68)『イザヤ書』三〇、一五と『マタイによる福音書』五、三九のパロディー。
(69)コペルニクスの『天球の回転について』に付け加えられたアンドレアス・オシアンダーの序文のこと。
(70)コペルニクスが『天球の回転について』の「序文」として書いたパウロ三世宛の書簡(一五四三年、ニュールンベルク)。
(71)ディオゲネス・ラエルティオス『ギリシャ哲学者列伝』十、九一参照。なお、「ソフォクレスへの書簡」は「ピュトクレスへの書簡」の誤りである。
(72)ルクレティウス『事物の本性について』五、五六四—六九、五七五—七九、五八五—八九。
(73)原典では「三番目」とあるが、「二番目」の間違いである。その後の順番についても同様である。
(74)このあたりから議論は、形而上学的な色彩を帯びてくる。
(75)原文ではBであるが、フランス語訳ではN(B)となっている。
(76)クザーヌス『知ある無知』二、一二参照。
(77)クザーヌス『知ある無知』二、一一—一二参照。
(78)アリストテレス『気象学』340b25-341a1.
(79)プラトン『パイドン』109b-e参照。
(80)オリンポス山の山頂で燃やされた犠牲の灰が一年後にもまったく変わりがなかったという伝説が古代には存在し、このことがそこの空気が永続的に静かな状態にあることの証拠とみなされていた。
(81)アリストテレス『天体論』二、一四、296b21 参照。
(82)スミスの以下の発言は、議論の流れから脱線している。テオフィロが船の内と外との違いを強調したのに触発されて、スミスは「内発」(「自発」)と「外発」(「強制」)、さらには「身内の犯罪」と「他人の犯罪」の違いについて勝手に議論を進めているのである。

(83)モーゼのこと。

(84)『ヨブ記』二五、二参照。

(85)『創世記』一、七参照。

(86)John Underhill のこと。彼はその後、オックスフォード大学の副学長になった。

(87)セントポール聖堂の尖塔は一五六一年に火災で焼失していた。ブルーノは、わざととんちんかんな答えをすることで、相手の質問の愚かさをからかったのである。

(88)エラスムス『格言集』一、一、四〇参照。

(89)レ・ベル・レトゥル社刊行のブルーノ著作集におけるアクイレッキアの注釈によれば、トルクアートのこの解釈はじつは正しいものである。

(90)アクイレッキアによれば、これはブルーノの誤読である。

(91)ウェルギリウス『アエネーイス』四、五一五以下。

(92)エラスムス『格言集』二、四、九三。

(93)アリストテレス『気象学』一、一四参照。

(94)十三世紀のカスティーリャ王アルフォンソ十世のこと。

(95)ローマの「花の広場」での自らの火刑を預言しているかのような、奇妙な挿入である。

(96)犬儒学者のアナクサルコスは、彼を恨む大守ニコクレオンによって石臼に投げ込まれ、体を砕かれそうになった。

(97)ローマの英雄アエネアスの水夫。

(98)伝説の詩人オルフェウスはトラキアの女たちによって八つ裂きにされた。
(99)ギリシャ神話によると、人食い馬を飼っていたディオメデスは、ヘラクレスに破れて、自らの馬に食べられた。セメレの兄弟(カドモスの息子ポリドロス)は、この箇所の記述に該当しない。どうやら、ブルーノによる混同があるらしい。
(100)有名なゴルゴンの盾のことである。
(101)彼は雌馬たちに食べられた。

解説

著作の位置づけ

本書は、ジョルダーノ・ブルーノ（ナポリ近郊のノラ出身ゆえに、「ノラの人」と呼ばれる）がイギリス滞在中（一五八三年四月―一五八五年十月）に執筆した七つのイタリア語著作の二番目の作品である。最初の作品『カンデライオ』は喜劇であり、本書を皮切りにして、イタリア語での一連の哲学的著作が堰を切ったように執筆されることになる。『聖灰日の晩餐』『原因・原理・一者について』『無限・宇宙・一者について』という「形而上学的」著作と『傲れる野獣の追放』『天馬のカバラ』『英雄的狂気』という「道徳的」著作（「形而上学的」と「道徳的」という区分はジョヴァンニ・ジェンティーレによる）が一五八四年春から八五年秋までの一年半ほどの間に一気加勢に書かれたのである。ジョルダーノ・ブルーノの哲学者としての名声はまさにこれらのイタリア語著作に負っている。たしかにブルーノは、それ以前にもフランスにて『イデアの影』や『キルケの歌』などの記憶術と関連した哲学的著作をラテン語で執筆していた。しかし、『聖灰日の晩餐』から始まる六つのイタリア語著作は、それ以前の佳作をはるかに凌駕する多彩な内容とそれを支える豊かな言語表現によってブルーノの著作群の中でも屹立している。ブルーノの波乱に満ちた人生の中で、イギリス滞在期はもっとも生産的な時期だったのである。

とはいえ、すべてが順風満帆だったわけではない。たしかに、フィリップ・シドニーら、エリザベス朝の宮廷の文人たちとの交流、そして本書が献呈された駐英フランス大使ミシェル・ドゥ・カステルノーらの庇護がブルーノに知的触発と財政的支援を与えたことは否めない。しかしながら、イギリス滞在期は、この血気盛んな異国の哲学者にとって試練の時期でもあった。このことは、本書の成立のきっかけとなった事件によって象徴的に示されている。

本書は、一五八四年二月十四日、聖灰日の水曜日にブルーノが遭遇した不快な事件を題材にしている。著作が持つ論争的な性格、イギリス人とイギリス社会に対する揶揄に満ちた叙述は、この事件の生々しい傷跡でもある。この晩餐における争点は、コペルニクス説の評価であり、ブルーノは、この論争をもとに、コペルニクス説から刺激を受けつつも、それを凌駕する新しい哲学の構築に取りかかったのである。

著作の背景

本書で描かれた晩餐会での論争の伏線は、ブルーノがオックスフォード大学で行った公開講義の挫折である。ブルーノは、一五八三年四月にロンドンに到着し、フランス大使ミシェル・ドゥ・カステルノーのもとに寄宿した。そして、六月十日から十五日にかけてポーランド王宮のアルベルト・ラスキ伯爵に随行して、オックスフォードに赴き、公開討論を行った。論争相手は、後にオックスフォード大学副学長になる神学者ジョン・アンダーヒルであった。ブルーノはこの第一回目の「講義」を皮切りに同大学での講義を継続することを望み、同年夏に当地を再訪し、ラテン語で講義を行い、その中でコペルニクスの地動説を支持した。しかし、二つの講義は大学の当局者たちにとってきわめて不評であり、ブルーノは、フィチーノの魔術的著作『天から受けるべき生について』からの「剽窃」という濡れ衣を着せられ、講義の打ち切りを迫られた。

晩餐での事件の経緯およびそれを契機とした本書の成立について、ブルーノ研究の碩学ジョヴァンニ・アクィレッキアは以下のように語っている。「一五八四年二月一四日、聖灰日である水曜日に、ブルーノは、地球の運動についての自らの理論を説明するために、ホワイト・ホールのロンドン宮廷の近くにあるファルク・グレヴィル卿の「栄誉ある部屋」へと招待された。彼に付き添ったのは、ジョヴァンニ・フロリオ――この人はブルーノとともにフランス大使のもとに寄食していた――とウェールズ人医師マシュー・グウィンであり、さらにその場には、伝統的天文学を擁護する二人のオックスフォードの博士とブラウンという名のイギリス人騎士が同席していた。もともと冷静なものであるはずであった会話は、二人のイギリス人博士の不寛容のために口論に成り果てた。ブルーノは憤慨して主人に別れを告げ、それから数日後には彼の最初のイタリア語対話『聖灰日の晩餐』の草稿が開始された。それは同年の一五八四年に刊行された。(出版所は記されていないが、ロンドンにてジョン・チャールウッドによって印刷されたものである。)ブルーノは、この作品の中で、不幸な対話の報告を通じて、彼自身の宇宙論を発表している。この宇宙論は、コペルニクスの太陽中心主義を直観的に克服することによって、多くの点において次の世紀に科学的に練り上げられた宇宙論と類似している独自の宇宙観に達している。コペルニクス理論をオックスフォードで擁護する不幸な試みの後に、ブルーノがこの理論を拡張した自説をロンドンにて公開したということは、偶然でないことは明らかである。イギリスの古い大学と首都との間には、当時すでに、イデオロギーと方法論にまつわる根深い不一致が大きなものになっていた。この不一致の起源は、イギリス国教会の改革によってもたらされた文化と社会の変動に求められる。その時、大学ではアリストテレス主義とヒューマニズムの方向が肯定されたのに対して、科学的潮流はロンドンへ移り、宮廷貴族の庇護のもとで活動する学者たちの特定のグループの中で発展することになったのである。実際、大学とは距離を置きエリザベス女王の宮廷で保護されていた知識人たちは、独自の科学的・技術論的関心をもっていた。イギリスにおいてブルーノの到着以前に、コペルニクス理論へのある種の関心を示したのは、このグループなのである。コペルニクスへの最初の言及が見出される、ロバート・レコードの『知識の城』は一五五六年のものであり、同じ年にジョン・ディーとジョン・フィールドがコペルニクス理論に対して好意的な立場を取っている。一五七六年には、『天球の回転について』の部分訳を含んだトーマス・ディッゲスの著作の初版が出ている。ロンドンにおけるブルーノの活動は、まさにこの潮流の中に含まれているのである。ブルーノはこの活動において、『聖灰日の晩餐』を皮切りに、科学的・思弁的論述にラテン語を使用することを拒否している。もっとも、ブルーノがロンドンでの対話篇において俗語を用いたということは、エリザベス朝の宮廷の片隅における「イタリア人紳士」としての役割をも考慮する必要がある。（新しい思想は新しい言語を求めると考える観念論的批評が強調した、まったく一般的な動機は言わずもがなである。）」（Giovanni Aquilecchia, *Giordano Bruno*, Roma: Istituto della Enciclopedia Italiana, 1971, pp.36-38）

著作の構成

著作は、冒頭の詩「不満たらたらの人物に」、序としての書簡、そして五つの対話から構成されている。対話の大筋は、ブルーノの思想を代弁するテオフィロとその理解者スミスとの間で進行する。時折、衒学者プルデンツィオが場違いのコメントをし、フルッラ（「取るに足らないもの」という意味を持つ）にからかわれる。このように巧みに登場人物を配置することによって、ブルーノは深遠な哲学的議論の中に軽快な喜劇的やりとりを組み入れたのである。

まず冒頭の詩であるが、「不満たらたらの人物に」という奇異なタイトルからして、この著作が激しい論争の書であることがわかる。詩は、ブルーノの説に不平を言う論敵たちに対する挑戦状である。

「序としての書簡」の冒頭を飾る長文は、ブルーノの文体と彼の思想に共通する特徴を表しており興味深い。それは、一言で言えば「対立物の一致」であり、そこでは卑しいものと高貴なものが笑いの中で混合されている。さらに、両者の間に挟まれて、第一対話から第五対話に至る議論が（「学術的」とは言えない独特なしかたで）要約・紹介されている。それに続く後半部では、本書が献呈されたミシェル・ドゥ・カステルノーへの社交辞令的な言説を超えて、些細なきっかけから生まれた本書が粗野な外見の下に深遠な思想を隠していることが宣言されている。

第一対話では、二という数および「四人の対話」に関する議論（哲学というよりも言葉遊び）から始まる。そして、ギリシャの女神ではなく、イギリスの女神への呼びかけとともに、ブルーノがファルク・グレヴィル宅の夕食に招かれた経緯が明らかにされる。グレヴィルは、ブルーノが「コペルニクスに関する彼自身の見解と彼の新しい哲学のその他のパラドクス」について話すのを熱望していたのである。話はそこから、コペルニクスへの評価、そして彼の遺産を継承しつつも、新たな次元へと思考を深めたブルーノ自身の自己評価へと進んでいく。ブルーノは、代弁者であるテオフィロの言葉を借りて、コペルニクスの偉大さを「称賛し尽くせるものではない」と高く評価しつつも、コペルニクスが「自然よりも数学に熱心であったために、不適当で空虚な諸原理の根を取り去るまで深奥を極めることができなかった」と批判する。ブルーノは、コペルニクスを「古代の真の哲学の太陽の日の出に先立つ曙」とみなし、自らの哲学の先駆者として位置付ける。そして、自らを、アリストテレス的な宇宙の限界を越えて、無限宇宙という新たな領域を発見した哲学界におけるコロンブスに比し、コロンブスの発見がアメリカ大陸の略奪という悲劇をもたらしたのに対して、自らの発見は「混濁した空気の狭隘な牢獄に閉じ込められた人間の精神と認識を解放した」と主張する。彼の自然哲学は、解放の哲学として、倫理的・政治的・宗教的な側面を兼ね備えていたのである。第一対話におけるテオフィロの言葉は、イタリア語著作集全体の基調を奏でていると言えよう。第一対話の最後の部分は、アリストテレス主義への批判に当てられている。ブルーノの論敵であるオックスフォード大学の学者たちは、アリストテレス主義を信奉する「文法学者」であり、ブルーノの新しい哲学は、アリストテレス主義の廃墟の上に構築されなければならなかった。解放は、戦いを必然的に招いたのである。

第二対話では、ファルク・グレヴィル邸への道程がコミカルに描かれている。ブルーノは、コペルニクスに関する考えを開陳するようにと昼食に招かれていた。しかし、いくら待っても誰も呼びに来ず、ようやく招聘の連絡が届いたのは、夜になってからであった。馬車の迎えもなく、ブルーノは、逡巡の後に、友人たちと漆黒の闇の中へと外出したのである。当時のロンドンは、今ではそ想像できないほど道が荒れており、また住民たちの外国人に対する嫌がらせもあり、グレヴィル邸への道のりは――ブルーノが乗った舟が三途の川の渡し守であるカロンに比べられていることから明らかなように――さながらダンテの地獄行の様相を帯びることになった。無知の闇との戦いという本書の基調は、ここでは泥沼や住民の暴力という具体的な姿を取っているのである。喜劇作家ブルーノの面目躍如といった記述である。

第三対話は、論敵の一人ヌンディニオとの本格的な論争をテーマにしている。論争は、ヌンディニオが五つの提題（論争テーマ）を提起し、ブルーノがそれらに答えるという形で進行する。第一の提題は、討論の言語の選択についてである。英語を話すかという問いに対する、ブルーノの答えは「否」である。当時のイギリスの教養ある紳士たちは、フランス語、イタリア語、ラテン語などを話すことができたので、ブルーノはロンドンに住みながら、英語ぬきに生活できたのである。（ブルーノが描いた十六世紀のロンドンは、現代のロンドンとは色々な意味で対極的である。）第二の提言は、コペルニクスの『天球の回転について』の地動説についての解釈に関わる。ヌンディニオは、この著作に付与されたアンドレアス・オシアンダーの序文に依拠して、コペルニクスの地動説をあくまでも計算をやりやすくする「虚構」として理解し、彼は地球が動くという見解を持っていなかったと主張する。それに対するブルーノの答えは、オシアンダーはコペルニクスをまったく理解していなかったというものである。第三の提言は、地球が動くということは真実とは思われないということである。それに対して、テオフィロは、ブルーノ哲学は、地球を宇宙の中心とするヌンディニオの考えのみならず、太陽を宇宙の中心とみなすコペルニクスともたもとを分つことを宣言する。ここでは、『無限・宇宙・一者について』の主要なテーマがすでに奏でられている。なお、ブルーノが図を用いて展開する独自の理論は、ドイツの哲学者クザーヌスの影響を受けており、科学的というよりも形而上学的な性格が強い。読者には、この点を留意してお読みいただきたい。第四の提言は、アリストテレス主義者たちによって地球の外にあるとみなされてきた第五元素に関するものである。第五の提言は、地球の自転によって生ずると考えられてきたパラドックスをめぐるものである。

第四対話は、聖書と科学との矛盾の考察から始まる。聖書の記述は、一見すると、地動説と対立するように見える。しかし、ブルーノの考えでは、聖書の教えは大衆を薫育する道徳的な意味を持ち、それを自然科学の教えとして理解するべきではない。そして、ブルーノは、自らの哲学は、アリストテレス哲学のように世界を有限とみなす他のいかなる哲学よりも宗教に好意的であると主張する。世界を有限なものとみなすことは、その創造主の力自体を有限なものとしかねないからである。その後、第二の論敵であるトルクアートとの論争が始まるが、両者の議論はまったく噛み合わず、険悪な雰囲気のもと、ブルーノは帰路につくことになる。

第五対話では、晩餐において深められることがなかったいくつかの議論が取り上げられ、ブルーノ自身の見解が開陳される。まずブルーノは、アリストテレスの天動説のみならずコペルニクスの地動説においても想定されていた、宇宙を取り巻く第八天の存在を否定し、宇宙の無限を主張する。遠くの星々が不動に見えるのは、それらが第八天に張り付いているからではなく、単に地球からあまりにも遠くにあるためにそれらの運動が感知されないのである。ここからブルーノは地球の運動の原因についての考察に移る。ブルーノは、地球の場所的運動は四つあるが、それらはみな、有為転変(vicissitudine)をもたらすためにあると言う。有為転変という概念は、ブルーノ哲学全体において重要な位置を占めており、すべてのものが時間の経過の中で平等に入れ替わることを言う。地球の運動は、昼夜の入れ替わりと四季の循環をもたらすだけでなく、巨視的に見れば、大陸と海とを入れ替え、気候を変動させるダイナミズムを有している。その結果、地球の「あらゆる部分があらゆる生命、あらゆる生成、あらゆる幸福を分かちもつ」のである。この議論は、宇宙を構成する質料の解釈とも連動している。ブルーノにとって、質料とは、アリストテレスが考えた受動的な原理ではなく、宇宙を内から動かす、不死なる原理なのである。質料に関するこの思想は、本書に続く『原因・原理・一者について』の中心的な思想になる。

この翻訳は、フランスのベル・レトレ社から刊行された、ジョバンニ・アクイレッキア博士による以下の校訂版をもとにしている。

Giordano Bruno, *Le super des cendres*, Paris: Les Belles Lettres, 1994

また、訳出にあたっては、この著作に含まれているイヴ・エルサンの仏訳に加えて、フェルディナント・フェルマンによる以下の独訳も参考にした。

Giordano Bruno, *Das Aschermittwochsmahl*, Frankfurt am Main: Insel Verlag, 1969.

なお、第一対話冒頭、第二対話、そして第三対話冒頭に関しては、二十世紀半ばになって最初のヴァージョンが発見された。ブルーノはロンドンに来る前にジュネーブで本の印刷作業の知識を獲得しており、本書の刊行においてもブルーノ自身が作業に関わっていたと思われる。そして、政治的・社会的な配慮の必要が生じて、刊行の途中から部分的な差し替えを行なったのである。広く知られているのは、差し替え後のヴァージョンであり、拙訳もそれを元にしている。なお、第一ヴァージョンは、アクィレッキアによる校訂版では「付録」として付け加えられている。

本書は、最初の構想においては、京都大学の伊藤和行教授が翻訳する予定であったが、後に訳者が引き継ぐことになった。引き継ぎの際、伊藤教授は第三から第五巻までの翻訳の草稿を寛大にもお渡しくださった。天文学に疎い訳者にとって、この草稿は大きな助けとなった。もっとも、これらの箇所に関しても訳者が手を入れた部分もある。いずれにせよ、訳におけるすべての間違いは訳者の責任である。

本書に引用されている作品の翻訳の際には、以下の既存の翻訳を引用または参照させていただいた。ただし、表記などに変更を加えた場合もある。

アリオスト『狂えるオルランド』、脇功訳、名古屋大学出版会、二〇〇一年。

ウェルギリウス『アエネーイス』、岡道男・高橋宏幸訳、京都大学学術出版会、二〇〇一年。

「聖書」新共同訳、日本聖書協会、二〇〇〇年。

セネカ『オエディプス』、岩崎務訳、セネカ『悲劇集』二、京都大学学術出版会、一九九七年。

セネカ『メデア』、小林標訳、セネカ『悲劇集』一、京都大学学術出版会、一九九七年。

ペトラルカ『カンツォニエーレ』、池田廉訳、名古屋大学出版会、一九九二年。

ルクレティウス『事物の本性について』、岩田義一、藤沢令夫訳、『世界古典文学全集』二一、筑摩書房、一九六五年。


東信堂の下田勝司社長には、本書の出版に際してたいへんお世話になった。あらためてここで謝意を表したい。

（二〇二二年二月）

■訳者紹介

加藤守通（かとう　もりみち）

東北大学名誉教授
1954 年生まれ
1977 年 米国イェール大学文学部卒業（西洋古典学）
1986 年 西ドイツ（当時）ミュンヘン大学哲学部博士号取得

主要業績

Techne und Philosophie bei Platon（Peter Lang Verlag, 1986）
"Aristoteles über den Ursprung Wissenschaft Erkentnis"（Phoronesis, vol.32, 1987）
『イタリア・ルネサンスの霊魂論』（共著）（三元社、1955）
『教養の復権』（共著）（東信堂、1996）
ジョルダーノ・ブルーノ著『原因・原理・一者について』（翻訳）（東信堂、1998）
『文化史としての教育思想史』（共編著）（福村出版、2000）
N. オルディネ著『ロバのカバラ―ジョルダーノ・ブルーノにおける文学と哲学』（翻訳）（東信堂、2002）
ジョルダーノ・ブルーノ著『カンデライオ』（翻訳）（東信堂、2003）
ジョルダーノ・ブルーノ著『英雄的狂気』（翻訳）（東信堂、2006）
ジョルダーノ・ブルーノ著『傲れる野獣の追放』（翻訳）（東信堂、2013）

Le opera scelte di Giordano Bruno
Vol.: 2 La Cena de le Ceneri

ジョルダーノ・ブルーノ著作集 2
聖灰日の晩餐

2022年9月30日　　初　版第1刷発行　〔検印省略〕
定価はカバーに表示してあります。

訳者©加藤守通／発行者 下田勝司　印刷・製本／中央精版印刷

東京都文京区向丘 1-20-6　郵便振替 00110-6-37828
〒 113-0023　TEL (03) 3818-5521　FAX (03) 3818-5514
発行所 株式会社 東信堂
Published by TOSHINDO PUBLISHING CO., LTD.
1-20-6, Mukougaoka, Bunkyo-ku, Tokyo, 113-0023, Japan
E-mail : tk203444@fsinet.or.jp http://www.toshindo-pub.com

ISBN978-4-7989-1774-0 C3310

東信堂

オックスフォード キリスト教美術・建築事典	P&L・マレー著 中森義宗監訳	三〇〇〇〇円
イタリア・ルネサンス事典	J・R・ヘイル編 中森義宗監訳	七八〇〇円
美術史の辞典	P・デューロ他 中森義宗・清水忠訳	三六〇〇円
涙と眼の文化史—中世ヨーロッパの標章と恋愛思想	徳井淑子	三六〇〇円
青を着る人びと	伊藤亜紀	三五〇〇円
社会表象としての服飾—近代フランスにおける異性装の研究	新實五穂	三六〇〇円
書に想い 時代を読む	河田悌一	一八〇〇円
日本人画工 牧野義雄—平治ロンドン日記	ますこ ひろしげ	五四〇〇円
イギリスの美、日本の美—ラファエル前派と漱石、ビアズリーと北斎	河村錠一郎	二六〇〇円
美を究め美に遊ぶ—芸術と社会のあわい	江藤光紀 荻野厚志 田中佳 編著	二八〇〇円
バロックの魅力	小穴晶子編	二六〇〇円
新版 ジャクソン・ポロック	藤枝晃雄	二六〇〇円
西洋児童美術教育の思想—ドローイングは豊かな感性と創造性を育むか？	要真理子 前田茂 監訳	三六〇〇円
ロジャー・フライの批評理論—知性と感受性の間で	要真理子	四二〇〇円
レオノール・フィニ—境界を侵犯する新しい種	尾形希和子	二八〇〇円

〈世界美術双書〉

バルビゾン派	井出洋一郎	二〇〇〇円
キリスト教シンボル図典	中森義宗	二三〇〇円
パルテノンとギリシア陶器	関隆志	二三〇〇円
中国の版画—唐代から清代まで	小林宏光	二三〇〇円
象徴主義—モダニズムへの警鐘	中村隆夫	二三〇〇円
中国の仏教美術—後漢代から元代まで	久野美樹	二三〇〇円
セザンヌとその時代	浅野春男	二三〇〇円
日本の南画	武田光一	二三〇〇円
画家とふるさと	小林忠	二三〇〇円
ドイツの国民記念碑—一八一三年—一九一三年	大原まゆみ	二三〇〇円
日本・アジア美術探索	永井信一	二三〇〇円
インド、チョーラ朝の美術	袋井由布子	二三〇〇円
古代ギリシアのブロンズ彫刻	羽田康一	二三〇〇円

※定価：表示価格（本体）＋税

〒113-0023 東京都文京区向丘 1-20-6 TEL 03-3818-5521 FAX03-3818-5514
Email tk203444@fsinet.or.jp URL:http://www.toshindo-pub.com/

東信堂

〔コメニウスセレクション〕

地上の迷宮と心の楽園　J・コメニウス　藤田輝夫訳　三六〇〇円

パンパイデイア—生涯にわたる教育の改善　J・コメニウス　太田光一訳　五八〇〇円

覚醒から光へ：学問、宗教、政治の改善　J・コメニウス　太田光一訳　四六〇〇円

パンソフィア　普遍的知恵を求めて　J・コメニウス　太田光一訳　六四〇〇円

パンオルトシア—世界会議の創設　J・コメニウス　太田光一・相馬伸一訳　六二〇〇円

聖書と科学のカルチャー・ウォー—概説 アメリカの「創造 vs 生物進化」論争　E・C・スコット著　鵜浦裕・井上徹訳　三六〇〇円

ミュージアムと負の記憶—戦争・公害・疾病・災害：人類の負の記憶をどう展示するか　竹沢尚一郎編著　二八〇〇円

ミッション・スクールと戦争—立教学院のディレンマ　老川慶喜・前田一男編　五八〇〇円

修道女が見聞した17世紀のカナダ—ヌーヴェル・フランスからの手紙　門脇輝夫訳　九八〇〇円

森と建築の空間史—南方熊楠と近代日本　千田智子　四三八一円

大正新教育の思想—生命の躍動　橋本美保・田中智志編著　四八〇〇円

大正新教育の受容史　橋本美保編著　三七〇〇円

大正新教育の実践—交響する自由へ　橋本美保・田中智志編著　四二〇〇円

越境ブックレットシリーズ

⓪教育の理念を象る—教育の知識論序説　田中智志　一二〇〇円

①知識論—情報クラウド時代の"知る"という営み　山田肖子　一〇〇〇円

②女性のエンパワメントと教育の未来—知識をジェンダーで問い直す　天童睦子　一〇〇〇円

③他人事≠自分事—教育と社会の根本課題を読み解く　菊地栄治　一〇〇〇円

④食と農の知識論—種子から食卓を繋ぐ環世界をめぐって　西川芳昭　一〇〇〇円

※定価：表示価格（本体）＋税

〒113-0023　東京都文京区向丘1-20-6　TEL 03-3818-5521　FAX03-3818-5514
Email tk203444@fsinet.or.jp　URL:http://www.toshindo-pub.com/